ほとけさまと
いつも
いっしょ

子《こ》どものための
浄《じょう》土《ど》真《しん》宗《しゅう》入《にゅう》門《もん》

藤《ふじ》間《ま》 幹《みき》夫《お》

もくじ

第１章　阿弥陀《あみだ》さま

① 宇宙《うちゅう》と浄土《じょうど》、そして私《わたし》

ぼくたちお寺《てら》大好《だいす》き小学生《しょうがくせい》！
今日《きょう》もお寺《てら》の学校《がっこう》で、ほとけさまのお話《はなし》をきいたり、
おつとめのれんしゅうをしたよ。

とってもたのしかったあ。
お寺《てら》の学校《がっこう》が終《お》わって
お寺《てら》の先生《せんせい》とお話《はな》しするよ。

この前《まえ》理科《りか》の授業《じゅぎょう》で星《ほし》についてならったんだけど、ちょっと質問《しつもん》があるんだ。星空《ほしぞら》をずーっと進《すす》んでいけば、どこかに宇宙《うちゅう》のはてってあるのかな？

この前言《まえい》ってた「お浄土《じょうど》」って、宇宙《うちゅう》のどこかにあるのかなあ？お寺《てら》の先生《せんせい》、教《おし》えてよ！

オッケー！　この宇宙《うちゅう》の中《なか》で一番《いちばん》スピードの速《はや》いものって何《なに》かわかるかな？

そう、※光《ひかり》だね。光《ひかり》はなんと、1秒間《びょうかん》で地球《ちきゅう》を7周半《しゅうはん》してしまう。

シリウスっていう星《ほし》についてならったかな？　※冬《ふゆ》の大三角形《だいさんかくけい》の一《ひと》つで、青白《あおじろ》くまたたく、とてもきれいな星《ほし》だよ。シリウスは、地球《ちきゅう》からとても距離《きょり》が近《ちか》い星《ほし》の一《ひと》つだけれど、それでも光《ひかり》の速度《そくど》で進《すす》んで約《やく》8年《ねん》かかるほど遠《とお》いんだよ。

◆光《ひかり》の速度《そくど》は、秒速約《びょうそくやく》30万《まん》キロメートル。ちなみに太陽《たいよう》から出《で》た光《ひかり》が地球《ちきゅう》にとどくまでには、8分《ふん》20秒《びょう》かかっているそうです。太陽《たいよう》も意外《いがい》に遠《とお》いんですね。

◆冬《ふゆ》の大三角形《だいさんかくけい》とは、おおいぬ座《ざ》のシリウス、こいぬ座《ざ》のプロキオン、オリオン座《ざ》のベテルギウスを結《むす》んだ大《おお》きな三角形《さんかくけい》のことです。

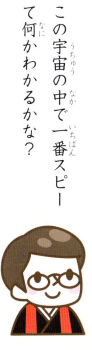

※夏《なつ》の大三角形《だいさんかくけい》の一《ひと》つのデネブという星《ほし》はさらに遠《とお》くて、なんと約《やく》2500年《ねん》の距離《きょり》なんだ。ということは、今《いま》、地球《ちきゅう》にとどいているのは、2500年間《ねんかん》ずっと旅《たび》をしてきた光《ひかり》なんだ。宇宙《うちゅう》のはては、それよりもずっとずっと遠《とお》いわけだけれども、それは光《ひかり》が137億年《おくねん》かけて進《すす》んでいった先《さき》と言《い》われているんだよ。

ひえーっ！　宇宙《うちゅう》って想像《そうぞう》してたよりずっと大《おお》きいんだね。でも宇宙《うちゅう》のはてがあるのなら、その先《さき》はどうなっているのかな？

ある科学者《かがくしゃ》によれば、宇宙《うちゅう》のはての先《さき》には、ここにある大切《たいせつ》なふたつのものがないそうだよ。ひとつは時間《じかん》、もうひとつは空《くう》間《かん》。時間《じかん》と空間《くうかん》がない世界《せかい》なんて想像《そうぞう》することができるかい？　……ちょっと無理《むり》だ

◆夏《なつ》の大三角形《だいさんかくけい》とは、こと座《ざ》のベガ、わし座《ざ》のアルタイル、はくちょう座《ざ》のデネブを結《むす》んだ大《おお》きな三角形《さんかくけい》のことです。

よね。でも、そのことがわかるようになった科学《かがく》の力《ちから》、つまり人間《にんげん》の力《ちから》もすごいよね。

そうだね

私《わたし》たちは科学《かがく》の力《ちから》で、宇宙《うちゅう》など外《そと》の世界《せかい》のことはずいぶんわかるようになってきた。でも、私《わたし》たち自身《じしん》のことはどうかな？

ちょっと考《かんが》えてみてほしいんだけど、科学《かがく》でもどうしてもわからない私《わたし》たちの内側《うちがわ》の問題《もんだい》って何《なん》だと思《おも》う？

ちょっと難《むずか》しいなあ。でも、宇宙《うちゅう》の大《おお》きさにくらべたら、自分《じぶん》ってちっぽけだなあって、このあいだ星空《ほしぞら》をながめながら感《かん》じたんだ

◆太陽系《たいようけい》の惑星《わくせい》

夜空《よぞら》の星《ほし》のほとんどは、太陽《たいよう》のように自《みずか》ら光《ひかり》をはなつ星《ほし》（恒星《こうせい》）であるのに対《たい》し、恒星《こうせい》のまわりにあって自《みずか》らは光《ひかり》をはなたない星《ほし》を惑星《わくせい》といいます。

私《わたし》は、空《そら》をながめながら自分《じぶん》がどうしてここにいるんだろうって不思議《ふしぎ》な感《かん》じがしたことがあるわ

二人《ふたり》ともすばらしいね。私《わたし》たち自身《じしん》のことでどうしてもわからないもの、それは、「いのちって何《なん》だろう？」とか、「私《わたし》はどこから生《う》まれ、何《なん》のために生《い》きて、死《し》んだらどうなるのだろう」ということだね。このことばかりは、どれだけ勉強《べんきょう》しても、科学《かがく》が発達《はったつ》しても、こたえを見《み》つけることは残念《ざんねん》ながらできない。二人《ふたり》が感《かん》じたように、私《わたし》がここにいるってことは、とても※不思議《ふしぎ》なことだよね。

生《い》きてることの意味《いみ》って、お寺《てら》の先生《せんせい》でもわからないの？

そうだよ。だから阿弥陀《あみだ》さまのお話《はなし》を聞《き》いていくんだよ。「阿弥陀《あみだ》」というお名前《なまえ》にヒントがあるんだよ。「阿弥陀《あみだ》」

◆「不思議《ふしぎ》」という言葉《ことば》は、仏教《ぶっきょう》の用語《ようご》「不可思議《ふかしぎ》」を略《りゃく》したものです。「不可思議《ふかしぎ》」とは、さとりの世界《せかい》、仏《ほとけ》さまそのものをあらわす言葉《ことば》です。仏《ほとけ》さまのことを、私《わたし》たち人間《にんげん》は思《おも》いはかることも、言葉《ことば》で言《い》いあらわしたりすることもできない、という意《い》味《み》です。

◆「阿弥陀《あみだ》」とは、インドの言葉《ことば》「アミターバ」（無量光《むりょうこう》）、および「アミターユス」（無量寿《むりょうじゅ》）を音《おと》に写《うつ》した言葉《ことば》です。つまり阿弥陀《あみだ》さまとは、限《かぎ》りない光《ひかり》と、限《かぎ》りない寿《いのち》の仏《ほとけ》さま、ということです。

とは、もともとインドの「アミター」という言葉《ことば》を漢字《かんじ》に置《お》きかえたもので、「ア」は打《う》ち消《け》し、「ミタ」とは「量《はか》る」、という意味《いみ》だよ。だから阿弥陀《あみだ》さまという仏《ほとけ》さまは、「私《わたし》たちの頭脳《ずのう》では、はかることのできない仏《ほとけ》さま」、となるね。何《なん》のために生《う》まれ、何《なん》のために生《い》き、死《し》んだらどうなるのか、そのこたえ※をおしえてくださるのが阿弥陀《あみだ》さまだよ。そして、この阿弥陀《あみだ》さまの世界《せかい》を「お浄土《じょうど》」というんだよ。

阿弥陀《あみだ》さまってそんな意味《いみ》があったんだ

そうだよ。それにね、阿弥陀《あみだ》さまには私《わたし》たちには考《かんが》えつかない、尊《とうと》い願《ねが》いがあるんだ。それは、「いのちあるものすべ

◆阿弥陀《あみだ》さまの願《ねが》いを聞《き》き続《つづ》けていく中《なか》に、そのこたえが必《かなら》ず見《み》えてくることでしょう。

てをそのままに、あなたが大事《だいじ》だよ、と支《ささ》え続《つづ》け、いのちが終《お》わる時《とき》には、私《わたし》の世界《せかい》に仏《ほとけ》さまとして生《う》まれさせたい」というものなんだ。この願《ねが》いによってできあがった世《せ》界《かい》を「お浄土《じょうど》」っていうんだよ。

それじゃあ阿弥陀《あみだ》さまの世界《せかい》「お浄土《じょうど》」はどこにあるの?宇宙《うちゅう》のどこ?

阿弥陀《あみだ》さまの世界《せかい》は、「はかる」ということを超《こ》えたものだから、「お浄土《じょうど》」は勉強《べんきょう》や科学《かがく》でもわからないものなんだよ。あるとかないとかを超《こ》えているんだ。

だから宇宙《うちゅう》よりも広《ひろ》くて大《おお》きいってことになるのかな。

私《わたし》のいのちをつつみこむ不思議《ふしぎ》としか言《い》いようのない世《せ》界《かい》なんだよ。

◆一般《いっぱん》に「天国《てんごく》」という言葉《ことば》は、「死《し》んだ人《ひと》が行《い》く世界《せかい》」あるいは「神様《かみさま》のいる世界《せかい》」というように思《おも》われていますが、正確《せいかく》には宗教《しゅうきょう》によって考《かんが》え方《かた》は様々《さまざま》に異《こと》なります。

仏教《ぶっきょう》では「天《てん》」という世界《せかい》があると考《かんが》えます。この「天《てん》」は、人間《にんげん》の理想《りそう》の世界《せかい》ではありますが、必《かなら》ず終《お》わりがおとずれ、楽《たの》しかった分《ぶん》、今度《こんど》は逆《ぎゃく》に苦《くる》しまなければならない迷《まよ》いの世界《せかい》です。「天《てん》」を含《ふく》む全《すべ》ての迷《まよ》いの世界《せかい》を超《こ》えた世界《せかい》が「さとり」であり、「お浄土《じょうど》」です。

ふーん。そうなんだ。でも、ぼくとは関係《かんけい》ないみたい

人間《にんげん》の方《ほう》からはそう思《おも》えるよね。だけど、阿弥陀《あみだ》さまの方《ほう》からは、私《わたし》たちのことを「いのち終《お》わるときお浄土《じょうど》に生《う》まれて仏《ほとけ》となる尊《とうと》いいのちを生《い》きている」と見《み》ていてくださるんだよ。

ということは・・・、「お浄土《じょうど》」があるってことは、「死《し》んだら終《お》わり」じゃないってことだね

うん。私《わたし》たちには、思《おも》いもつかないことだよね？　だから、私《わたし》たちは、阿弥陀《あみだ》さまのお話《はなし》を聞《き》かせてもらうなかで、生《い》きていることの意味《いみ》に気《き》づいていくことができるんだよ。

うーん。なんだか世界《せかい》がぐーんと広《ひろ》がったような気《き》がするなあ

阿弥陀《あみだ》さまって、生《い》きている今《いま》も、いのち終《お》わってからも私《わたし》を支《ささ》え続《つづ》けてくださるのね

②信《しん》じるということ

以前《いぜん》、新聞《しんぶん》に、このような短歌《※たんか》がのっていたよ。

「しあわせと
いう言葉《ことば》はしらず　みどりごは
両手両足《りょうてりょうあし》　あげてよろこぶ」

「みどりご」というのは生《う》まれたばかりの赤《あか》ちゃんのことだね。作《つく》った人《ひと》はどういうことを伝《つた》えたかったのかな。
いっしょに考《かんが》えてみようね。まず、二人《ふたり》が「しあわせ」を感《かん》じるのは、どんな時《とき》かな?

私《わたし》は、願《ねが》いごとがかなったり、家族《かぞく》のみんなが元気《げんき》で楽《たの》しければ、しあわせと思《おも》うわ

◆短歌《たんか》とは、「百人一首《ひゃくにんいっしゅ》」に代表《だいひょう》される和歌《わか》の伝統《でんとう》を引《ひ》く、文字《もじ》の数《かず》が、五・七・五・七・七の形式《けいしき》の、日本独特《にほんどくとく》の詩《し》、歌《うた》です。

ゲームのカードとかを買《か》えた時《とき》はうれしいけど、お金《かね》があるといろんなものが買《か》えるから、お金《かね》があればしあわせなんじゃないかなあ

なるほど。知《し》っておいてほしいことがふたつあるんだ。

ひとつは、私《わたし》たちは、願《ねが》いごとがかなうことが「しあわせ」だと思《おも》いがちだけど、かなっても今度《こんど》は別《べつ》の願《ねが》いごとが出《で》てきてしまう。つまり願《ねが》いごとには、きりがないということ。

もうひとつは、私《わたし》たちの「しあわせ」は、たいてい比《くら》べること、比較《ひかく》によって感《かん》じるものだということ。500円《えん》のおこづかいをもらったらうれしいけど、弟《おとうと》は1000円《えん》だったって聞《き》いたら、こんどは腹《はら》が立《た》つよね。病気《びょうき》やけがをしたときは、やっぱり健康《けんこう》が大切《たいせつ》だなと思《おも》う。

◆一般《いっぱん》に、お寺《てら》や神社《じんじゃ》で「受験《じゅけん》に合格《ごうかく》しますように」とか「病気《びょうき》がなおりますように」などとお願《ねが》いすることは、ごく普通《ふつう》のことと思《おも》われていますが、このようなお願《ねが》いごとをしないのが浄《じょう》土《ど》真宗《しんしゅう》の特徴《とくちょう》のひとつです。なぜなら、合格《ごうかく》したことと、お願《ねが》いごとをしたことは、常識《じょうしき》的《てき》には因果関係《いんがかんけい》がないからです。合格《ごうかく》するためには勉強《べんきょう》をすることが、道理《どうり》にかなった一番《いちばん》の近道《ちかみち》です。

確《たし》かにそうだね

私《わたし》たちは「人《ひと》より条件《じょうけん》がいいこと＝しあわせ」と考《かんが》えるけれども、私《わたし》たちの根本的《こんぽんてき》な条件《じょうけん》は必《かなら》ず悪《わる》くなっていく。つまり年《とし》をとり、病気《びょうき》になり、死《し》んでいくということだ。ということは、人《ひと》と比《くら》べている限《かぎ》りしあわせにはならないってことだね。この短歌《たんか》をつくった人《ひと》は、このことに気《き》づいて、それならば本当《ほんとう》のしあわせ、人《ひと》と比《くら》べることのないしあわせっていったい何《なん》だろうと考《かんが》えたんじゃないかな。

短歌《たんか》にもどると、赤《あか》ちゃんは「しあわせ」という言葉《ことば》の意味《いみ》はしらない、と言《い》っているよね。

言葉《ことば》がわからないから、「しあわせ」ってこともわからないのかな？

自分《じぶん》が赤《あか》ちゃんだった時《とき》のことは覚《おぼ》えてないけど、お母《かあ》さんやお父《とう》さんにだっこされている赤《あか》ちゃんは、しあわせそうに見《み》えるわ。言葉《ことば》はわからなくても感《かん》じているはずよ

そうだね。それじゃあ、どうしてこの赤《あか》ちゃんはしあわせそうに見《み》えるのかな？

「両手両足《りょうてりょうあし》あげてよろこぶ」ってことは、ベッドにあおむけになって、機嫌《きげん》よく手足《てあし》を動《うご》かしているのね

ということは、すべてをまかせきっているわけだ

その通《とお》り！　赤《あか》ちゃんは、生《う》まれ出《で》てきた世界《せかい》や、だっこしてくれているお母《かあ》さん、お父《とう》さんにすべてをまかせきって安心《あんしん》しているよね。このように、自分《じぶん》のすべてをまか

「はからい」とは疑《うたが》いの心《こころ》

せきることのできる世界《せかい》をめぐまれることが、私《わたし》たちの本当《ほんとう》のしあわせなんじゃないかな。
　ところで赤《あか》ちゃんは、たとえばお母《かあ》さんにだっこされている時《とき》に、下《した》からお母《かあ》さんの顔《かお》を見《み》あげて「この人《ひと》は自分《じぶん》を床《ゆか》に落《お》っことしたりしないだろうか？」なんて考《かんが》えたりすると思《おも》うかい？

それはないよ

「この人《ひと》は信用《しんよう》できないから、着地《ちゃくち》の時《とき》はがんばるぞ」などと、よけいなことは考《かんが》えないよね。このような余計《よけい》な心配《しんぱい》のことを、「はからい」※と言《い》うんだ。ほんとうにだいじょうぶかどうか疑《うたが》っている心《こころ》だね。赤《あか》ちゃんにはこうした「はからい」は一切《いっさい》ない。お母《かあ》さんに100パーセントまか

◆「はからい」の意味《いみ》は、辞書《じしょ》を引《ひ》くと「判断《はんだん》」「処置《しょち》」とあり、漢字《かんじ》では「計《はか》らい」と書《か》きます。「計算《けいさん》」の「計《けい》」ですね。ここでは、はかることのできない阿《あ》弥陀《みだ》さまの願《ねが》いとはたらきを、私《わたし》が疑《うたが》い、自分《じぶん》で何《なん》とかしようとすることをあらわす言葉《ことば》です。

せきっているんだ。

阿弥陀《あみだ》さまと私《わたし》たちの関係《かんけい》も、これに似《に》ているよ。「いのちあるものすべてを救《すく》う」と願《ねが》われ、「あなたが大事《だいじ》だよ」「いつもいっしょだよ」「何《なに》があってもだいじょうぶだよ」と、阿弥陀《あみだ》さまがよびかけてくださるからこそ、私《わたし》たちは安心《あんしん》でき、どんなことにも精《せい》いっぱいがんばることができるんだ。私《わたし》たちが阿弥陀《あみだ》さまの願《ねが》いを疑《うたが》いなくいただいて、安心《あんしん》しきっている心《こころ》のことを、「信心《※しんじん》」というんだよ。

阿弥陀《あみだ》さまにおまかせする心《こころ》のことを信心《しんじん》っていうんだね

安心《あんしん》できると、今度《こんど》は元気《げんき》がわいてくるぞ

◆「信心《しんじん》」は、私《わたし》が信《しん》じるのではなく、阿弥陀《あみだ》さまからめぐまれる信心《しんじん》なので、「他力《たりき》の信心《しんじん》」とも言《い》います。

◆たとえば、「合格《ごうかく》まちがいなしと信《しん》じています」という場合《ばあい》、合格発表《かくはっぴょう》はまだであり、もしかして不合格《ふごうかく》かもしれないという気持《きも》ちがあるはずです。一般《いっぱん》に「信《しん》じる」という言葉《ことば》が口《くち》から出《で》るということは、心《こころ》の中《なか》に不《ふ》安《あん》や疑《うたが》いあるから、と言《い》えます。ですから、一般的《いっぱんてき》な「信《しん》じる」と、疑《うたが》いなく阿弥陀《あみだ》さまにおまかせする「信心《しんじん》」とは全《まった》く別《べつ》です。空気《くうき》や重力《じゅうりょく》があることを「信《しん》じる」必要《ひつよう》はありませんよね。

◆「私《わたし》」が阿弥陀《あみだ》さまにおまかせする心《こころ》をめぐまれること、そして、いのち終《お》わって仏《ほとけ》さまとな

「いのちあるものすべてを救《すく》う」という阿弥陀《あみだ》さまの願《ねが》いのことを「本願《ほんがん》」と言《い》うんだ。そして、この「本願《ほんがん》」が「ナモアミダブツ」という「声《こえ》の仏《ほとけ》さま（名号《みょうごう》）」となって、いつでもどこでも私《わたし》たちにとどいているんだ。だから、「ナモアミダブツ」ととなえることは、安心《あんしん》して一日一日《いちにちいちにち》を生《い》きていける、「阿弥陀《あみだ》さまがごいっしょの人生《じんせい》」をめぐまれるということなんだよ。

らせていただくのは、「本願《ほんがん》」のはたらきが100パーセントであり、私《わたし》の力《ちから》やはからいが0パーセントであることを「本願他力《ほんがんたりき》」と言《い》います。阿弥陀《あみだ》さまにまかせきって安心《あんしん》して生《い》きていくこと、これが私《わたし》たちの本当《ほんとう》のしあわせなのではないでしょうか。

◆「本願他力《ほんがんたりき》（他力本願《たりきほんがん》）」という言葉《ことば》は、一般《いっぱん》に、他人《たにん》の力《ちから》をあてにすることという意味《いみ》で使《つか》われていますが、これはまちがった使《つか》い方《かた》が定着《ていちゃく》したものです。本来《ほんらい》、「他力《たりき》」とは「いのちあるものをすべて救《すく》う」という阿弥陀《あみだ》さまのはたらきをあらわす言葉《ことば》です。普段《ふだん》の生活《せいかつ》において努力《どりょく》をおこたることと、「他力《たりき》」を混同《こんどう》しないようにしましょう。

③ すくいのめあて

二人《ふたり》は、宇宙人《うちゅうじん》っていると思《おも》う？

昔《むかし》、火星《かせい》には火星人《かせいじん》がいるっていううわさがあったって、お父《とう》さんが言《い》ってたわ

さっきの話《はなし》のように、宇宙《うちゅう》がこれだけ広《ひろ》いのだったら、どこかに宇宙人《うちゅうじん》はいるかもしれないなあ

※ホーキング博士《はかせ》っていう有名《ゆうめい》な科学者《かがくしゃ》に、以前《いぜん》ある人《ひと》が、「宇宙《うちゅう》には、地球《ちきゅう》みたいに生《い》き物《もの》が住《す》む星《ほし》がいくつくらい

◆ホーキング博士《はかせ》（一九四二〜二〇一八）イギリスの理論物理《りろんぶつり》学者《がくしゃ》。車《くるま》いすの物理学者《ぶつりがくしゃ》としても知《し》られる。

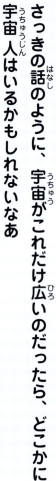

あると思《おも》いますか」と質問《しつもん》をしたそうだ。それに対《たい》して、博士《はかせ》は「200万《まん》」とこたえたそうだよ。

に、200万《まん》!も!!

宇宙《うちゅう》はそれだけ広《ひろ》いってことだね。すると質問《しつもん》した人《ひと》が「200万《まん》もあるのだったら、そのうちのいくつかの星《ほし》から、地球《ちきゅう》に対《たい》して何《なん》らかの通信《つうしん》があるはずでは」と聞《き》いたそうだ。博士《はかせ》は、「現代《げんだい》のように高度《こうど》に発達《はったつ》した科学《かがく》と文明《ぶんめい》は、宇宙《うちゅう》の時間《じかん》でいうほんの一瞬《いっしゅん》しか続《つづ》かず滅《ほろ》んでしまう。だから通信《つうしん》がないのだ」とこたえたそうだ。

それってどういうこと?

今《いま》、この地球《ちきゅう》には、温暖化《おんだんか》や戦争《せんそう》、核兵器《かくへいき》、貧困《ひんこん》など様々《さまざま》な問題《もんだい》がある。これらによって、将来人類《しょうらいじんるい》は滅《ほろ》んでしまうかもしれないということだよ。宇宙時間《うちゅうじかん》でいうほんの一瞬《いっしゅん》とは、博士《はかせ》によれば100年《ねん》くらいだそうで、人類《じんるい》が今《いま》のように物《もの》が豊《ゆた》かで便利《べんり》な生活《せいかつ》をはじめてもう50年《ねん》以上《いじょう》はたっている。

それじゃあ、あと50年《ねん》で人類《じんるい》は滅《ほろ》んでしまうの?

それはどうかわからない。これから私《わたし》たちがどのように考《かんが》え、行動《こうどう》していくかにかかっていると言《い》えるよ。

たとえば地球温暖化《ちきゅうおんだんか》は、自動車《じどうしゃ》や発電所《はつでんしょ》などから出《だ》さ

◆温室効果《おんしつこうか》ガスは、二酸化炭素《にさんかたんそ》、メタンなどで、地表《ちひょう》から放射《ほうしゃ》された赤外線《せきがいせん》の一部《いちぶ》を吸収《きゅうしゅう》して、温室効果《おんしつこうか》をもたらします。

れる温室効果《おんしつこうか》ガスが主《おも》な原因《げんいん》である、と言《い》われている。でも最初《さいしょ》は車《くるま》や電気《でんき》を使《つか》った便利《べんり》な生活《せいかつ》のせいで、未来《みらい》の人《ひと》たちが地球《ちきゅう》に住《す》めなくなるなんて全《まった》く想像《そうぞう》していなかった。核兵器《かくへいき》だって地球《ちきゅう》を滅《ほろ》ぼすために造《つく》ったわけじゃないはずだ。つまり人間《にんげん》のすることは、その時《とき》は正《ただ》しいと思《おも》っても、後《あと》から見《み》れば正《ただ》しくないばかりか、とりかえしのつかないことがたくさんある、ということだ。私《わたし》たち人間《にんげん》には、本《ほん》当《とう》に正《ただ》しいことを見《み》ぬく力《ちから》がないってことだね。

それはどうしてなの？

仏教《ぶっきょう》では、人間《にんげん》は色《いろ》のついたメガネをかけてものを見《み》ている、と考《かんが》えるんだ。その色《いろ》メガネは煩悩《ぼんのう》の色《いろ》メガネ。「煩悩《ぼんのう》」とは簡単《かんたん》に言《い》えば、自己中心的《じこちゅうしんてき》なものの見方《みかた》ということ。私《わたし》たちは、煩悩《ぼんのう》の色《いろ》メガネをかけているからこそ、

◆「煩悩《ぼんのう》」とは、心身《しんしん》を乱《みだ》し悩《なや》ませる心《こころ》のはたらきのこと。「貪欲《とんよく》（むさぼりの心《こころ》）」、「瞋恚《しんに》（怒《いか》りの心《こころ》）」「愚痴《ぐち》（真理《しんり》に対《たい》する無《む》知《ち》の心《こころ》）」が代表《だいひょう》で、この3つを「三毒《さんどく》の煩悩《ぼんのう》」と言《い》います。

自分中心《じぶんちゅうしん》にしかものを見《み》ることができないんだ。だから その時《とき》自分《じぶん》では正《ただ》しいと思《おも》っていることも、本当《ほんとう》に正《ただ》しいかどうかはわからないんだ。

それって、ちょっとさびしい気《き》がするなぁ

そうだねえ。でも、大切《たいせつ》なことは、自分《じぶん》が色《いろ》メガネをかけているということを忘《わす》れないことだよ。「自分《じぶん》だけが正《ただ》しい」と考《かんが》える人《ひと》が二人《ふたり》いれば、必《かなら》ずケンカやあらそいがおこる、お互《たが》いに「正義《せいぎ》」をふりかざして戦《たたか》うのが戦争《せんそう》だよね。でも「自分《じぶん》の見方《みかた》は正《ただ》しくないかもしれない」と考《かんが》える人《ひと》どうしなら、あらそいはおきないよね。

　そして、自己中心《じこちゅうしん》の私《わたし》であることに気《き》づいていくことは、同時《どうじ》に、阿弥陀《あみだ》さ

◆この自己中心的《じこちゅうしんてき》なものの見方《みかた》、真理《しんり》に対《たい》する無知《むち》の心《こころ》である煩《ぼん》悩《のう》を断《た》ち切《き》って、「さとり」をめざす教《おし》えが仏教《ぶっきょう》です。

◆親鸞《しんらん》さまは、ご自身《じしん》の体験《たいけん》を通《つう》じて、自分《じぶん》の力《ちから》で煩悩《ぼんのう》を断《た》ち切《き》ることができないこと、そして煩悩《ぼんのう》をかかえた自分《じぶん》こそを阿弥《あみ》陀《だ》さまが救《すく》いのめあてとされていることに気《き》づいた方《かた》でした。

まの願《ねが》いに気《き》づいていくことでもあるんだ。

それってどういうこと？

光《ひかり》に照《て》らされると影《かげ》ができる。光《ひかり》に照《て》らされるのと、影《かげ》ができるのは同時《どうじ》だよね。光《ひかり》というのは、「いのちあるものすべてを救《すく》いたい」と願《ねが》い、はたらいてくださる阿弥陀《あみだ》さまのこと。影《かげ》は、私《わたし》たちの煩悩《ぼんのう》のことだよ。

つまり、阿弥陀《あみだ》さまにであって初《はじ》めて、私《わたし》たちは煩悩《ぼんのう》をかかえていることに気《き》づくことができる。この自己中心的《じこちゅうしんてき》な私《わたし》たちの姿《すがた》を「悪人《あくにん》」と言《い》うんだ。「悪人《あくにん》」とは、ケンカをしたりいじわるをする人《ひと》のことではないんだよ。阿弥陀《あみだ》さまから見《み》た私《わたし》たちの本当《ほんとう》の姿《すがた》のことなんだ。

◆悪人《あくにん》については「親鸞《しんらん》さま」のページ（44頁）も参照《さんしょう》ください。

そしてこの「悪人《あくにん》」を、阿弥陀《あみだ》さまは、まっ先《さき》に救《すく》いたいと願《ねが》っておられるんだよ。

そうかあ。自分《じぶん》の本当《ほんとう》の姿《すがた》を知《し》らされて、だからこそ「だいじょうぶだよ」と言《い》われると、さびしくないし、逆《ぎゃく》に心強《こころづよ》いわね

阿弥陀《あみだ》さまの「だいじょうぶだよ」にこたえるような生《い》き方《かた》をしなければ、という気《き》もおこってきたぞ

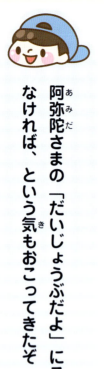

第2章　お釈《しゃ》迦《か》さまと親《しん》鸞《らん》さま

① お釈迦《しゃか》さま

花《はな》まつり

花御堂《はなみどう》のお釈迦《しゃか》さまに甘茶《あまちゃ》をかけるのって、私《わたし》、大好《だいす》き

初《はじ》めて甘茶《あまちゃ》を飲《の》んでみたけど、不思議《ふしぎ》な味《あじ》だなあ

今日《きょう》は、花《はな》まつりによく来《き》てくれたね。花《はな》まつりは、お釈迦《しゃか》さまの誕生《たんじょう》をお祝《いわ》いする行事《ぎょうじ》だよ。

お釈迦《しゃか》さまは人間《にんげん》としてお生《う》まれになったから、ちゃんと誕生《たんじょう》日《び》があるんだね

◆「お釈迦《しゃか》さま」という呼《よ》び名《な》は、部族名《ぶぞくめい》である「シャカ族《ぞく》」に由来《ゆらい》します。お釈迦《しゃか》さまが生《う》まれた時《とき》につけられた名前《なまえ》は、「ゴータマ・シッダッタ」と言《い》います。

◆甘茶《あまちゃ》かけは、お釈迦《しゃか》さまが生《う》まれたとき、天《てん》が感動《かんどう》して甘露《かんろ》の雨《あめ》（甘《あま》い雨《あめ》）をふらせた、との言《い》い伝《つた》えをあらわしています。

そう。今《いま》からおよそ2500年前《ねんまえ》の4月《がつ》8日《にち》、インドの北《きた》にあるヒマラヤの山々《やまやま》のふもと、今《いま》のネパールのルンビニーというところで、お釈迦《しゃか》さまはお生《う》まれになったんだ。お父《とう》さまはシュッドーダナ王《おう》という王《おう》さま、そして、お母《かあ》さまのマーヤー妃《ひ》は、お釈迦《しゃか》さまを産《う》んでまもなく亡《な》くなってしまうんだ。

花御堂《はなみどう》のお釈迦《しゃか》さまは、生《う》まれた時《とき》のお姿《すがた》って本当《ほんとう》なの?

こんなお話《はなし》が伝《つた》わっているんだ。なんとね、お釈迦《しゃか》さまはお生《う》まれになってすぐに、立《た》ちあがって7歩《ほ》あるかれたんだ。そして、右手《みぎて》の人《ひと》さし指《ゆび》で天《てん》を、左手《ひだりて》の人《ひと》さし指《ゆび》では地面《じめん》を指《さ》して、「てんじょうてんげゆいがどくそん（天上天下唯我独尊）」とおっしゃったんだ。

えーっ。生《う》まれたばかりの赤《あか》ちゃんがそんなことするなんてありえないよ

私《わたし》も無理《むり》だと思《おも》うわ

確《たし》かにそうだね。これは、お釈迦《しゃか》さまが、どれほどすばらしいお方《かた》であったかを、私《わたし》たちに伝《つた》えるためのお話《はなし》、と思《おも》ってくれればいいよ。

「てんじょうてんげゆいがどくそん」とは、この地球上《ちきゅうじょう》、さらに宇宙全体《うちゅうぜんたい》のどこをさがしても、「私《わたし》」という存在《そんざい》、いのちは、たったひとつしかない尊《とうと》いものであるということ。このことを、生《う》まれてすぐに宣言《せんげん》されたところが、お釈迦《しゃか》さまのすごいところだね。これからお釈迦《しゃか》さまの生《しょう》がいについてお話《はな》しするね。

◆「唯我独尊《ゆいがどくそん》」という言葉《ことば》は、一般《いっぱん》的《てき》には「自分《じぶん》だけがえらい」という意味《いみ》で使《つか》われていますが、本来《ほんらい》はいのちの尊《とうと》さや不思議《ふしぎ》さをあらわす言葉《ことば》です。

◆「7歩《ほ》」には、迷《まよ》いの世界《せかい》である「六道《ろくどう》」を超《こ》えることがあらわされています。「六道《ろくどう》」とは次《つぎ》のとおりです。

①地獄《じごく》…大変《たいへん》な苦《くる》しみの世界《せかい》
②餓鬼《がき》…餓《う》えと渇《かわ》きの世界《せかい》
③畜生《ちくしょう》…本能《ほんのう》だけで生《い》きている世界《せかい》
④修羅《しゅら》…争《あらそ》いや怒《いか》りの絶《た》えない世界《せかい》
⑤人間《にんげん》…人間《にんげん》の世界《せかい》
⑥天《てん》……人間《にんげん》にとって理想《りそう》の世界《せかい》ではあるが、必《かなら》ず終《お》わりがある迷《まよ》いの世界《せかい》。楽《たの》しかった分《ぶん》、終《お》わりの時《とき》は苦《くる》しみとなる

本当《ほんとう》のなやみ

さて、王子《おうじ》さまとしてお生《う》まれになったお釈迦《しゃか》さまは、食《た》べ物《もの》や着《き》る物《もの》など、すべてにおいてなに不自由《ふじゆう》のない生《せい》活《かつ》を送《おく》っておられた。ところが29歳《さい》の時《とき》、それらすべてをすてて、出家《しゅっけ》（お城《しろ》を出《で》て修行《しゅぎょう》の生活《せいかつ》をする）されるんだ。

お釈迦《しゃか》さまはどんな性格《せいかく》の方《かた》だったのかなあ?

小《ちい》さい頃《ころ》から大変頭《たいへんあたま》がよくて、そして、よくもの思《おも》いにふける方《かた》だったそうだよ。出家《しゅっけ》のきっかけとなった「四《し》門出遊《もんしゅつゆう》」というお話《はなし》があるんだ。

あるとき、お釈迦《しゃか》さまは、お城《しろ》の東《ひがし》の門《もん》から散歩《さんぽ》に出《で》かけられた。そして、白髪《はくはつ》で腰《こし》が曲《ま》がり、歯《は》が抜《ぬ》けおちた一《ひと》

出家《しゅっけ》してどのようなことをされたの？

人《り》の老人《ろうじん》と出《で》あわれたんだ。「今《いま》、自分《じぶん》は若《わか》いけれども、いつか必《かなら》ず年老《としお》いていかねばならない」ということに気《き》づかれたお釈迦《しゃか》さまは、散歩《さんぽ》をつづける気力《きりょく》がなくなり、お城《しろ》にもどってしまわれたんだ。その後《ご》、南《みなみ》の門《もん》から出《で》た時《とき》は病気《びょうき》の人《ひと》に、西《にし》の門《もん》から出《で》た時《とき》はお葬式《そうしき》の列《れつ》に出《で》あって、同《おな》じようにお城《しろ》へもどってしまわれた。

そしてある日《ひ》、北《きた》の門《もん》から出《で》かけた時《とき》に、一人《ひとり》のおだやかですがすがしい顔《かお》をした修行者《しゅぎょうしゃ》と出《で》あわれたんだ。「どんなにめぐまれた生活《せいかつ》をしていても、老《お》い、病気《びょうき》、そして死《し》からのがれることができない。ならばいっそ、これらをのりこえる道《みち》をもとめたい」、このように思《おも》われたお釈迦《しゃか》さまは、後《のち》に出家《しゅっけ》されたんだ。

◆「老《ろう》」、「病《びょう》」、「死《し》」に「生《しょう》（生《う》まれてくること）」を加《くわ》えた「生《しょう》・老《ろう》・病《びょう》・死《し》」を「四苦《しく》」といいます。私《わたし》たちの人生《じんせい》における根本的《こんぽんてき》な苦《くる》しみです。

この四苦《しく》に「愛別離苦《あいべつりく》（愛《あい》する者《もの》と別《わか》れる苦《くる》しみ）」、「怨憎会苦《おんぞうえく》（憎《にく》い者《もの》と会《あ》わなければならない苦《くる》しみ）」、「求不得苦《ぐふとくく》（求めるものが得《え》られない苦《くる》しみ）」、「五蘊盛苦《ごうんじょうく》（生《い》きていくことによって発生《はっせい》する様々《さまざま》な悩《なや》み苦《くる》しみ）」を加《くわ》えて「八苦《はっく》」といいます。

29歳《さい》で出家《しゅっけ》されたお釈迦《しゃか》さまは35歳《さい》までの6年《ねん》の間《あいだ》、大《たい》変《へん》きびしい修行《しゅぎょう》にうちこまれたんだ。眠《ねむ》らない、食《た》べない、水《みず》も飲《の》まない、息《いき》を止《と》めるなど、ひたすら体《からだ》を痛《いた》めつけるような修行《しゅぎょう》や、片足《かたあし》を地面《じめん》につけないで生活《せいかつ》をする、などの修行《しゅぎょう》もあったそうだ。そして、心《こころ》も体《からだ》もボロボロになってしまったんだ。

老《お》い、病《やまい》、死《し》をのりこえる道《みち》は見《み》つかったのかな?

それは見《み》つからなかったんだ。厳《きび》しい修行《しゅぎょう》はその道《みち》ではなかったことに気《き》づかれたお釈迦《しゃか》さまは、川《かわ》に入《はい》って体《からだ》を清《きよ》められ、村《むら》の娘《むすめ》のスジャータがさしだした乳粥《ちちがゆ》を食《た》べて元気《げんき》をとりもどされた。そして大《おお》きな菩提樹《ぼだいじゅ》の木《き》の下《した》に座《すわ》って静《しず》かにめい想《そう》に入《はい》られ、ついに12月《がつ》8日《にち》の明《あ》け方《がた》、おさとりをひらかれたんだ。35歳《さい》の時《とき》だった。

お釈迦《しゃか》さまはその後《ご》、80歳《さい》で亡《な》くなられるまで、45年《ねん》もの間《あいだ》、さとりの内容《ないよう》を人々《ひとびと》に伝《つた》える旅《たび》を続《つづ》けられたんだ。

◆「生《しょう》・老《ろう》・病《びょう》・死《し》」の四苦《しく》をのりこえた境地《きょうち》のことを「さとり」と言《い》います。お釈迦《しゃか》さまのことを「ブッダ」ともお呼《よ》びしますが、本来《ほんらい》「ブッダ」とは、インドの言葉《ことば》で「真実《しんじつ》に目覚《めざ》めた人《ひと》」、「さとった人《ひと》」という意味《いみ》です。なお、「ほとけさま」は「仏陀（ブッダ）」の「仏」を日《に》本語《ほんご》読《よ》みにしたものです。

◆お釈迦《しゃか》さまは2月《がつ》15日《にち》に亡《な》くなられました。入滅《にゅうめつ》、涅槃《ねはん》とも言《い》います。

縁起《えんぎ》ということ

お釈迦《しゃか》さまって、何《なに》をさとられたのかなぁ

お釈迦《しゃか》さまのさとりの内容《ないよう》をあらわす、「縁起《えんぎ》」という教《おし》えがあるんだ。「すべてのものはつながりあっている」という意味《いみ》だよ。

この前《まえ》、天文学者《てんもんがくしゃ》の人《ひと》に聞《き》いた話《はなし》だけどね、今《いま》、ベテルギウスという星《ほし》が超※新星爆発《ちょうしんせいばくはつ》をするかもしれないんだって。

冬《ふゆ》の大三角形《だいさんかくけい》のひとつでオリオン座《ざ》の赤《あか》い星《ほし》だね。学校《がっこう》で習《なら》ったよ。それはいつなの？

◆重《おも》さが太陽《たいよう》の8倍《ばい》以上《いじょう》の巨大《きょだい》な星《ほし》は、寿命《じゅみょう》の最後《さいご》に大爆発《だいばくはつ》をおこします。これが「超新星爆発《ちょうしんせいばくはつ》」です。さらに重《おも》たい星《ほし》は大《だい》爆発《ばくはつ》をおこした後《あと》に、あらゆるものを（光《ひかり》さえも）吸《す》いこむ天体《てんたい》「ブラックホール」になります。

明日《あす》かもしれないし、1000年後かもしれないそうだ。名前《なまえ》は超新星爆発《ちょうしんせいばくはつ》だけど、本当《ほんとう》は、星《ほし》が一生《いっしょう》を終《お》える最後《さいご》のすがたなんだそうだ。もともとは宇宙《うちゅう》の中《なか》に存在《そんざい》しなかった「鉄《てつ》」などの重《おも》い物質《ぶっしつ》が、星《ほし》の内部《ないぶ》で作《つく》られ、最後《さいご》に爆《ばく》発《はつ》によって宇宙《うちゅう》に放出《ほうしゅつ》される。そして、これらの宇宙《うちゅう》のちりが元《もと》になって、また新《あたら》しく星《ほし》が生《う》まれるんだ。実《じつ》は私《わたし》たちもそうやってできているそうだよ。

たとえば私《わたし》たちの体《からだ》の中《なか》を流《なが》れている血《ち》は赤《あか》いよね。これは、ヘモグロビンという赤《あか》い色素《しきそ》のせいだけど、この色《しき》素《そ》は主《おも》に鉄《てつ》からできているんだ。

ということは、僕《ぼく》の体《からだ》も星《ほし》のかけらからできているんだ！

そうだね。「『おじいさんは亡《な》くなって星《ほし》になりました』という人《ひと》もいるけど、逆《ぎゃく》に、『星《ほし》が私《わたし》たちになった』という方《ほう》が正《ただ》しいんですよ」と天文学者《てんもんがくしゃ》の人《ひと》は教《おし》えてくれたよ。このように、私《わたし》たちの体《からだ》が何《なに》からできているかを考《かんが》えると宇宙《うちゅう》のはじまりにまでさかのぼれてしまう。さまざまな「縁《えん》」、関係性《かんけいせい》によってたまたまここにあるのが私《わたし》たちの体《からだ》なんだ。

縁起《えんぎ》の教《おし》えからすると、私《わたし》たちのいのちって誰《だれ》のものということになるかな？

私《わたし》たちのいのちも自分《じぶん》のものじゃないってことかしら？

◆「縁起《えんぎ》」とは、すべてのものは「縁《えん》（間接的原因《かんせつてきげんいん》）」によって「起《おこ》る」、つまり関係性《かんけいせい》によってはじめて成《な》り立《た》っているという意味《いみ》です。

次《つぎ》の言葉《ことば》が「縁起《えんぎ》」をあらわす定型句《ていけいく》として有名《ゆうめい》です。

「これ有《あ》れば　かれ有《あ》り
これ生《しょう》ずれば　かれ生《しょう》ず
これ無《な》ければ　かれ無《な》く
これ滅《めっ》すれば　かれ滅《めっ》す」

◆「縁起《えんぎ》が良《よ》い」、「縁起《えんぎ》が悪《わる》い」という言葉《ことば》がありますが、本来《ほんらい》、「縁起《えんぎ》」は良《よ》いものでも悪《わる》いものでもなく、物事《ものごと》や世界《せかい》の見方《みかた》やあり方《かた》を指《さ》す言葉《ことば》です。

でも誰《だれ》ともかえっこすることができないから、自分《じぶん》のもののように思《おも》えるなあ

なるほど。確《たし》かにいのちは自分《じぶん》だけのもののように思《おも》える。お釈迦《しゃか》さまが誕生《たんじょう》後《ご》すぐに、「私《わたし》という存在《そんざい》はたったひとつ」と言《い》われた通《とお》りだね。私《わたし》たちの人生《じんせい》は誰《だれ》にもかわってもらうこともできないという点《てん》では、孤独《こどく》なものなんだ。

でも、その後《ご》さとりを開《ひら》かれたお釈迦《しゃか》さまは、たったひとつの私《わたし》のいのちが実《じつ》は、世界《せかい》や宇宙《うちゅう》全体《ぜんたい》から支《ささ》えられている不思議《ふしぎ》ないのちでもあることを教《おし》えてくださっているんだよ。それが「縁起《えんぎ》」ということだよ。

「いのち」ってたまたま自分《じぶん》のところにあるだけで、世界《せかい》や宇宙《うちゅう》の歴史《れきし》ともつながっている、ものすごいものなんだね

◆私《わたし》たちは、よく「自分《じぶん》の力《ちから》で生《い》きている」と思《おも》いがちですが、実《じつ》は他《ほか》の人《ひと》びと、食《た》べもののいのち、自然《しぜん》など、さまざまなものに支《ささ》えられて生《い》かされている存在《そんざい》です。自分《じぶん》のいのち、さらに「自分《じぶん》」というものも仮《かり》に存《そん》在《ざい》するだけで、本当《ほんとう》の自分《じぶん》というものはどこまでいっても存在《そんざい》しない、という考《かんが》えを仏教《ぶっきょう》で「無我《むが》」といいます。

お釈迦《しゃか》さま　ご誕生《たんじょう》の目的《もくてき》

お釈迦《しゃか》さまはおさとりをひらかれた後《あと》、生《しょう》がいをかけてさまざまな人々《ひとびと》におさとりを伝《つた》えていかれた。その内容《ないよう》をまとめたものが「お経《きょう》」なんだ。「お経《きょう》」はたくさんあって、その数《かず》は8万《まん》4千《せん》ほどと言《い》われているけど、お釈迦《しゃか》さまご自身《じしん》が「私《わたし》は、この教《おし》えを説《と》くためにこの世《よ》に生《う》まれてきた」とおっしゃったのが、『仏説無量寿経《ぶっせつむりょうじゅきょう》』というお経《きょう》なんだ。

それはどんなお経《きょう》なの？

それはね、とっても長《なが》～いお経《きょう》で、読《よ》んだら何時間《なんじかん》もかかるんだよ。しかもぜんぶ漢字《かんじ》。読《よ》んでみようか？

◆『仏説無量寿経《ぶっせつむりょうじゅきょう》』は『大無量寿経《だいむりょうじゅきょう》』とも言《い》い、略《りゃく》して『大経《だいきょう》』とも呼《よ》ばれます。『仏説観無量寿経《ぶっせつかんむりょうじゅきょう》（観経《かんぎょう》）』、『仏説阿弥陀経《ぶっせつあみだきょう》（小経《しょうきょう》）』とあわせ、「浄土三部経《じょうどさんぶきょう》」と言《い》います。

聞《き》くんじゃなかった

アッハッハ。このお経《きょう》の中《なか》には、こんな物語《ものがたり》が説《と》かれているんだ。

どんなお話《はなし》なの？

むかーしむかしのそのむかし、法蔵菩薩《ほうぞうぼさつ》さまという方《かた》がおられてね。あるとき、先生《せんせい》である世自在王仏《せじざいおうぶつ》さまの前《まえ》で「いのちあるものすべてを救《すく》うことのできる仏《ほとけ》さまになりたい」と、ご自身《じしん》の決意《けつい》をのべられたんだ。その後《ご》「五劫《ごこう》」という、とてつもなく長《なが》い間《あいだ》考《かんが》えをめぐらせて、48の願《ねが》いを建《た》てられたんだ。その願《ねが》いの18番目《ばんめ》が「本願《ほんがん》」なんだよ。

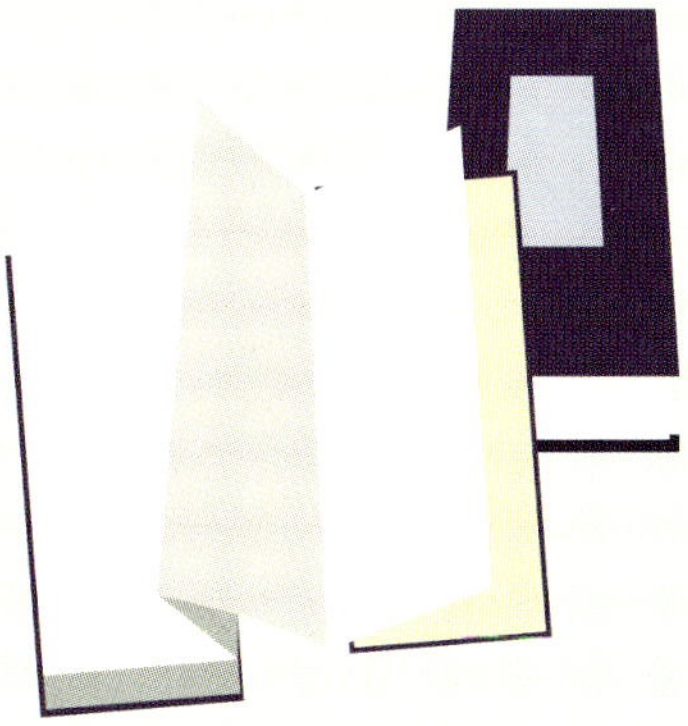

◆その人《ひと》の誰《だれ》にも負《ま》けない得意技《とくいわざ》のことを「十八番（おはこ・じゅうはちばん）」と言《い》うことがあります。この語源《ごげん》は、阿弥陀《あみだ》さまの18番目《ばんめ》の願《ねが》いが、ずばぬけてすぐれていることから出《で》てきたものです。

「五劫《ごこう》」ってどれくらいの長《なが》さなの？

いろんなたとえがあるけれども、一辺《いっぺん》が20キロメートルもある巨大《きょだい》な石《いし》を100年《ねん》に一度《いちど》、天女《てんにょ》がうすい羽衣《はごろも》でそっと払《はら》って、その摩擦《まさつ》によって石《いし》がすりへって無《な》くなってしまう時間《じかん》が、一劫《いっこう》と言《い》われているんだ。宇宙《うちゅう》の歴史《れきし》よりも長《なが》い時間《じかん》だね。

「本願《ほんがん》」って前《まえ》にも出《で》てきたよね。もっと聞《き》かせて

「いのちあるものすべてを本当《ほんとう》に安心《あんしん》できる世界《せかい》に生《う》まれさせたい、もしそれを果《は》たすことができないならば、私《わたし》も仏《ほとけ》とはならない」という法蔵菩薩《ほうぞうぼさつ》さまの願《ねが》いだよ。

うーん？「本願《ほんがん》」は阿弥陀《あみだ》さまの願《ねが》いだったと思《おも》うけど・・・？

その通《とお》り。この法蔵菩薩《ほうぞうぼさつ》さまはその後《ご》、五劫《ごこう》をはるかに超《こ》える間《あいだ》、大変厳《たいへんきび》しい修行《しゅぎょう》をされ、ついに仏《ほとけ》さまになられた。それが阿弥陀《あみだ》さまなんだよ。これらの時間《じかん》の長《なが》さは、すべてのいのちを救《すく》うことの大変《たいへん》さと、阿弥陀《あみだ》さまのはたらきの確《たし》かさをあらわしているんだ。

ちょっとよくわからないことがあるんだ。阿弥陀《あみだ》さまとお釈迦《しゃか》さまって、どういう関係《かんけい》なの？

◆「他力本願《たりきほんがん》」とは、一般《いっぱん》には他人《たにん》の力《ちから》や失敗《しっぱい》をあてにする、という意味《いみ》として使《つか》われることがありますが、本来《ほんらい》は、「阿弥陀《あみだ》さまが私《わたし》を仏《ほとけ》さまにする」はたらきのことをあらわす言葉《ことば》です。

そうだねえ、たとえば※万有引力《ばんゆういんりょく》の法則《ほうそく》はニュートンが木《き》からリンゴが落《お》ちるのを見《み》て発見《はっけん》したけれども、引力《いんりょく》のはたらき自体《じたい》は、発見以前《はっけんいぜん》からあったものだよね。阿弥《あみ》陀《だ》さまのはたらき※をこの地球上《ちきゅうじょう》で最初《さいしょ》に語《かた》ってくださったのがお釈迦《しゃか》さまであり、それが『仏説無量寿経《ぶっせつむりょうじゅきょう》』というお経《きょう》なんだよ。そして私《わたし》たちは、阿弥《あみ》陀《だ》さまがご自身《じしん》のことを私《わたし》たちに伝《つた》えるために、お釈迦《しゃか》さまとしてお生《う》まれになったと受《う》けてとめていくんだよ。

なるほど！ 阿弥陀《あみだ》さまとお釈迦《しゃか》さまの関係《かんけい》がわかったぞ！

阿弥陀《あみだ》さまもお釈迦《しゃか》さまもすごーい！

◆「万有引力《ばんゆういんりょく》の法則《ほうそく》」とは、全《すべ》ての物《もの》は互《たが》いに力《ちから》を及《およ》ぼしあっているという法則《ほうそく》です。

◆辞書《じしょ》で「はたらき」と引《ひ》くと大《おお》きくわけて、
①仕事《しごと》をすること
②他《た》のものに及《およ》ぼす作用《さよう》、影響《えいきょう》
と、のっています。「阿弥陀《あみだ》さまのはたらき」という場合《ばあい》は、②の意味《いみ》です。しかし、「いのちあるものすべてを救《すく》うことが、阿弥陀《あみだ》さまの『仕事《しごと》』である」とも受《う》けとめることもできますね。

◆「浄土真宗《じょうどしんしゅう》のお寺《てら》やお仏壇《ぶつだん》の中《ちゅう》心《しん》におられるのは阿弥陀《あみだ》さま（南無阿弥陀仏《なもあみだぶつ》）であり、お釈迦《しゃか》さまではありません。しかし、最初《さいしょ》に阿弥陀《あみだ》さまのことをお説《と》きくださったお釈迦《しゃか》さまに敬意《けいい》そうだよね。この教《おし》えを私《わたし》たちに伝《つた》えてくださったのが、親鸞《しんらん》さまという方《かた》なんだよ。これから親鸞《しんらん》さまについてお話《はな》しするよ。

をあらわし、阿弥陀《あみだ》さまの姿《すがた》の中《なか》にお釈迦《しゃか》さまをも見《み》ていくのです。

② 親鸞《しんらん》さま

二人《ふたり》とも学校《がっこう》は楽《たの》しい？

休《きゅう》けい時間《じかん》とかは楽《たの》しいけどね。つらいことだってあるよ

友《とも》だちとの関係《かんけい》とか、気《き》をつかってつかれるのよねえ

家《いえ》ではどうかな？

宿題《しゅくだい》と習《なら》い事《ごと》であんまり遊《あそ》ぶ時間《じかん》がないなあ

お父《とう》さんもお母《かあ》さんも忙《いそが》しくて、ちょっとさびしい時《とき》もあるわ

そうかぁ。「学校《がっこう》も家《いえ》も楽《たの》しくて何《なん》の心配《しんぱい》もない」、なんていう人《ひと》は、ほとんどいないかもしれないね。時代《じだい》はずいぶん違《ちが》うけど、親鸞《しんらん》さまも大変《たいへん》きびしい子《こ》ども時代《じだい》を過《す》ごされていたんだよ。

親鸞《しんらん》さまの時代《じだい》にも小学校《しょうがっこう》はあったの？

親鸞《しんらん》さまは、今《いま》からおよそ※850年前《ねんまえ》、平安時代《へいあんじだい》の終《お》わりに京都《きょうと》でお生《う》まれになった。だから、今《いま》のような学校《がっこう》はな

◆親鸞《しんらん》さまは、平安時代《へいあんじだい》の終《お》わりごろの承安《じょうあん》三（一一七三）年《ねん》、日野有範《ひのありのり》の子《こ》として京都東南郊《きょうととうなんこう》外《がい》の日野《ひの》の地《ち》でお生《う》まれになりました。現在《げんざい》の暦《こよみ》では5月《がつ》21日《にち》です。母《はは》は吉光女《きっこうにょ》であるといわれています。

◆親鸞《しんらん》さまの誕生《たんじょう》をお祝《いわ》いする法要《ほうよう》を、「降誕会《ごうたんえ》」といいます。

かったんだ。幼《おさな》い時《とき》にお母《かあ》さんと死《し》に別《わか》れた親鸞《しんらん》さまは、9歳《さい》の時《とき》、※得度《とくど》を受《う》けてお坊《ぼう》さんになられて以後《いご》、※比叡山《ひえいざん》延暦寺《えんりゃくじ》で勉強《べんきょう》されたんだよ。だから、お父《とう》さんとも、その後《ご》おそらく一度《いちど》も会《あ》えなかったんじゃないかな。

9歳《さい》って、私《わたし》たちとあんまりかわらないわね

どんな勉強《べんきょう》をされていたの？

煩悩《ぼんのう》をなくしてお釈迦《しゃか》さまと同《おな》じさとりに近《ちか》づこうと、仏教《ぶっきょう》を中心《ちゅうしん》としたものすごい量《りょう》の勉強《べんきょう》ときびしい修行《しゅぎょう》に20年間《ねんかん》はげまれたんだ。

◆お坊《ぼう》さんになることを「得度《とくど》」と言《い》います。

◆親鸞《しんらん》さまが得度《とくど》の式《しき》を受《う》ける前《まえ》、もう日《ひ》がくれかかっていたので、式《しき》は明日《あす》に延期《えんき》することになりかけました。その時《とき》に、親鸞《しんらん》さまは、「明日《あす》ありと思《おも》う心《こころ》のあだ桜《ざくら》 夜半《よわ》に嵐《あらし》の吹《ふ》かぬものかは（明日《あす》があると思《おも》っていても、満開《まんかい》の桜《さくら》が夜《よる》の嵐《あらし》で散《ち》ってしまうことがあるように、私《わたし》の決意《けつい》やいのちも明日《あす》はどうなるかわかりません）」という和歌《わか》をよまれた、と伝《つた》えられています。

◆比叡山《ひえいざん》は京都駅《きょうとえき》から見《み》て、北東《ほくとう》の方向《ほうこう》にある山《やま》です。延暦寺《えんりゃくじ》は古《ふる》くから日本《にほん》の仏教《ぶっきょう》の中心《ちゅうしん》地《ち》であり、親鸞《しんらん》さまの時代《じだい》には仏教《ぶっきょう》を中心《ちゅうしん》とした総合大学《そうごうだいがく》のようなところでした。

20年《ねん》もかぁ。親鸞《しんらん》さまはすっかり大人《おとな》になられたんだね

それなら、親鸞《しんらん》さまも仏《ほとけ》さまに近《ちか》づかれたんだね

そう思《おも》うよね。でもそんなに簡単《かんたん》な話《はなし》ではないんだなあ。人間《にんげん》の心《こころ》って、とっても複雑《ふくざつ》なんだよ。

二人《ふたり》とも、小学校《しょうがっこう》に入学《にゅうがく》して勉強《べんきょう》をはじめる前《まえ》は、わからないことが山《やま》ほどあるってことも知《し》らなかったよね。

うん

でも、勉強《べんきょう》していくうちに、自分《じぶん》がわからないことがたくさんあるってことにだんだん気《き》づいていったんじゃな

いかな。本当《ほんとう》に勉強《べんきょう》するということは、自分《じぶん》がいかに何《なに》もわかっていないかということに気《き》づくことだとも言《い》えるね。親鸞《しんらん》さまも、勉強《べんきょう》をすればするほど、自分《じぶん》にできないことが本当《ほんとう》にたくさんあるってことに気《き》づかれはじめたんだ。

自分《じぶん》にできないことって?

親鸞《しんらん》さまは、修行《しゅぎょう》して仏《ほとけ》さまのような清《きよ》らかな心《こころ》（おさとり）になろうとしても、ご自分《じぶん》のなかに、みにくい心《こころ》が決《けっ》してなくならないことに気《き》づかれたんだ。つまり仏《ほとけ》さまのおさとりに近《ちか》づくどころか、逆《ぎゃく》に遠《とお》ざかっていくご自分《じぶん》であることを素直《すなお》に認《みと》めていかれたんだ。

私《わたし》たちなら、20年《ねん》がんばっただけで満足《まんぞく》してしまうかもしれないけど、親《しん》

鸞《らん》さまは、ご自分《じぶん》の心《こころ》をごまかすことができなかったんだね。そして、そんな自分《じぶん》でもだいじょうぶなんだという教《おし》えを聞《き》くために、比叡山《ひえいざん》を※下《お》り、※法然《ほうねん》さまのもとにむかわれたんだ。

親鸞《しんらん》さまって、とてもまじめで自分《じぶん》にきびしい人《ひと》だったんだね

法然《ほうねん》さまはどんな方《かた》だったの?

法然《ほうねん》さまは、京都《きょうと》の吉水《よしみず》というところで、勉強《べんきょう》や修行《しゅぎょう》にはげむことのできる人《ひと》も、そうでない人《ひと》も、等《ひと》しく仏《ほとけ》さまに救《すく》われていく道《みち》がある、という教《おし》えを広《ひろ》めておられた方《かた》だよ。

◆比叡山《ひえいざん》を下《お》りられた時《とき》の親鸞《しんらん》さまは29歳《さい》、その時《とき》、法然《ほうねん》さまは69歳《さい》でした。

◆親鸞《しんらん》さまは法然《ほうねん》さまのもとへむかう前《まえ》、京都《きょうと》の町中《まちなか》にある六角《ろっかく》堂《どう》に100日間《にちかん》こもられました。六《ろっ》角堂《かくどう》は親鸞《しんらん》さまが大変尊敬《たいへんそんけい》された聖徳太子《しょうとくたいし》さまのゆかりのお寺《てら》です。95日目《にちめ》の明《あ》け方《がた》、選《えら》ぼうとしていた道《みち》で間違《まちが》いないということを、夢《ゆめ》の中《なか》で告《つ》げられた親鸞《しんらん》さまは、比叡山《ひえいざん》を下《む》りて法然《ほうねん》さまのもとへむかわれたのでした。

勉強《べんきょう》や修行《しゅぎょう》にはげむことができない人《ひと》ってどういう人《ひと》？

親鸞《しんらん》さまの時代《じだい》であれば、お坊《ぼう》さん以外《いがい》の全《すべ》ての人《ひと》びと。今《いま》の時代《じだい》なら、私《わたし》たち全員《ぜんいん》じゃないかな。

えっ全員《ぜんいん》？　お寺《てら》の先生《せんせい》も？

そう言《い》えば先生《せんせい》は髪《かみ》をのばしているけど、それでもいいの？

「得度式《とくどしき》」といって、お坊《ぼう》さんになる式《しき》のときには髪《かみ》をそるけどね。その後《ご》の決《き》まりはないんだ。

◆親鸞《しんらん》さまは、法然《ほうねん》さまの弟子《でし》として6年間《ねんかん》いっしょに過《す》ごされました。しかし、法然《ほうねん》さまの教《おし》えをよろこぶ人々《ひとびと》の集《あつ》まりが、当時《とうじ》の朝廷《ちょうてい》から弾圧《だんあつ》を受《う》け、親鸞《しんらん》さまが35歳《さい》の時《とき》、越後《えちご》（現在《げんざい》の新潟県《にいがたけん》）へ、法然《ほうねん》さまは讃岐《さぬき》（現在《げんざい》の香川県《かがわけん》）へ流罪《るざい》となりました。

すべての人々《ひとびと》＝私《わたし》

法然《ほうねん》さまにみちびかれて親鸞《しんらん》さまが歩《あゆ》み、私《わたし》たちに伝《つた》えてくださった浄土真宗《じょうどしんしゅう》は、「在家仏教《※ざいけぶっきょう》」という大《おお》きな特徴《とくちょう》があるんだ。在家《ざいけ》というのは「家庭《かてい》で暮《く》らしながら」ということ。「すべての人《ひと》びと（私《わたし》）」が、勉強《べんきょう》や修行《しゅぎょう》によることなく仏《ほとけ》さまとならせていただく教《おし》え、これが在家仏教《ざいけぶっきょう》なんだ。お坊《ぼう》さんは、その教《おし》えを伝《つた》えていく役割《やくわり》を、代表《だいひょう》させてもらっているだけなんだよ。

◆浄土真宗《じょうどしんしゅう》では門信徒《もんしんと》だけでなく、僧侶《そうりょ》やお寺《てら》に住《す》む人《ひと》も、等《ひと》しく「在家《ざいけ》」です。親鸞《しんらん》さまは、全《すべ》ての人々《ひとびと》に対《たい》して、同《おな》じなかまであるとして、「御同朋《おんどうぼう》、御同《おんどう》行《ぎょう》」とよびかけられました。

親鸞《しんらん》さまがされたことで、当時《とうじ》のお坊《ぼう》さんとしては大変《たいへん》勇気《ゆうき》が必要《ひつよう》だったことって、何《なん》だかわかるかな?

もしかして髪《かみ》をのばされたのかな?

多分《たぶん》、ご結婚《けっこん》をされたことよ

その通《とお》り! 正解《せいかい》は、ご結婚《けっこん》だね。親鸞《しんらん》さまは、恵信尼《えしんに》さまという方《かた》と結婚《けっこん》され、7人《にん》のお子《こ》さんにめぐまれたんだ。つまり、お坊《ぼう》さんでありながら、家庭《かてい》を持《も》って暮《く》らされたんだ。当時《とうじ》、お坊《ぼう》さんが結婚《けっこん》することは法律《ほうりつ》で禁止《きんし》されていたんだよ。

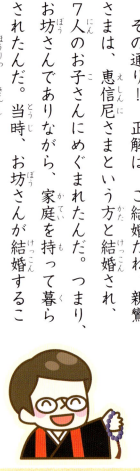

どうして結婚《けっこん》されたのかな？

へえ〜。親鸞《しんらん》さまって、ずいぶん大胆《だいたん》だったんだね

全《すべ》ての人《ひと》が仏《ほとけ》さまになることのできる教《おし》えだからこそ、結婚《けっこん》するとかしないとかは関係《かんけい》ないってことね

その通《とお》りだよ。ところで、親鸞《しんらん》さまが比叡山《ひえいざん》を下《お》りられた理由《りゆう》って、何《なん》だったかおぼえてる？

えーっと、自分《じぶん》の力《ちから》で煩悩《ぼんのう》をなくし、仏《ほとけ》さまに近《ちか》づくことは不可《ふか》能《のう》だと気《き》づかれたから、だよね

そうだったね。親鸞《しんらん》さまが比叡山《ひえいざん》を下《お》りて出《で》あわれたのは、立派《りっぱ》な人《ひと》になって仏《ほとけ》さまになる道《みち》ではなかった。私《わたし》たちが仏《ほとけ》さまになるためには、人間《にんげん》のよい心《こころ》も、そして悪《わる》い心《こころ》さえも、一切関係《いっさいかんけい》がない、という道《みち》なんだ。

問題《もんだい》にならないって、どういうこと?

阿弥陀《あみだ》さまの「※いのちあるものを必《かなら》ず救《すく》う」という、とてつもなく大《おお》きなはたらきが100パーセントだからだよ。このはたらきひとつで、仏《ほとけ》さまにならせていただく。私《わたし》たちのよい心《こころ》がプラスのポイントになることもない。逆《ぎゃく》にこのはたらきの前《まえ》では悪《わる》い心《こころ》すらも、マイナスポイントになることはない。全《すべ》ての人《ひと》が仏《ほとけ》さまになる道《みち》だから、スケールがとても大《おお》きいんだ。

そうすると、よい人《ひと》は損《そん》をして、悪《わる》い人《ひと》は得《とく》をしてしまうんじゃないの?

するどい質問《しつもん》だね。親鸞《しんらん》さまはね、「この人《ひと》は善《よ》い人《ひと》で、あの人《ひと》は悪《わる》い人《ひと》だ」というようにはおっしゃらなかった。全《すべ》ての人《ひと》は、阿弥陀《あみだ》さまの前《まえ》では等《ひと》しく「※悪人《あくにん》」である、

◆阿弥陀《あみだ》さまの「すべてのいのちあるものを救《すく》うはたらき」のことを、「他力《たりき》」とか「他力本願《たりきほんがん》」といいます。「他力《たりき》」は阿弥陀《あみだ》さまの力《ちから》であって、決《けっ》して他人《たにん》の力《ちから》のことではありません。

◆「他力《たりき》」に対《たい》し、自分《じぶん》の力《ちから》でさとりを求《もと》めることを、浄土真宗《じょうどしんしゅう》では特《とく》に「自力《じりき》」と言《い》います。「他力《たりき》」、「自力《じりき》」とは、ふだんの日常生活《にちじょうせいかつ》での行《おこな》いのことではなく、さとりを求《もと》めるということにおける道《みち》の違《ちが》いをあらわしています。したがって「他力本願《たりきほんがん》」は、日常生活《にちじょうせいかつ》において努力《どりょく》をおこたったり、自分《じぶん》は何《なに》もしないで他《た》の人《ひと》をあてにする、ということではありません。また浄土真宗《じょうどしんしゅう》もそのような教《おし》えではありません。

悪人《あくにん》＝この私《わたし》

と気《き》づかれたんだ。したがってそれは、親鸞《しんらん》さまご自身《じしん》のことでもある。でも、ここでの「悪人《あくにん》」とは、うそをついたりいじわるをする人《ひと》、という意味《いみ》ではないんだよ。阿弥《あみ》陀《だ》さまにであうことによって、「自分《じぶん》の力《ちから》（自力《じりき》）では決《けっ》して仏《ほとけ》さまになることはできない」ということに、本当《ほんとう》に気《き》づかされた人《ひと》のことだよ。

そしてこの「悪人《あくにん》＝この私《わたし》」こそが、阿弥陀《あみだ》さまの救《すく》いのいちばんのめあてであった、と親鸞《しんらん》さまはよろこびをもって受《う》けとめていたんだ。

阿弥陀《あみだ》さまが僕《ぼく》たちのことをよ～く知《し》りぬいておられるってことだね

だからこそ、仏《ほとけ》さまのはたらきが100パーセントなのね。阿弥陀《あみだ》さまって心《こころ》が広《ひろ》くて優《やさ》しい仏《ほとけ》さまなのね

◆親鸞《しんらん》さまのお弟子《でし》、唯円房《ゆいえんぼう》が書《か》いたと言《い》われる『歎異抄《たんにしょう》』には、「善人《ぜんにん》なほもって往生《おうじょう》をとぐ。いはんや悪人《あくにん》をや」（善人《ぜんにん》ですらお浄土《じょうど》に往生《おうじょう》できるのですから、悪人《あくにん》ならばなおさらです）という一文《いちぶん》があり、「悪人正機《あくにんしょうき》」をあらわす言葉《ことば》として有名《ゆうめい》です。

◆「悪人《あくにん》」こそが、阿弥陀《あみだ》さまの救《すく》いのめあてであることを、「悪人《あくにん》正機《しょうき》」といいます。ここでの「悪人《あくにん》」とは、法律《ほうりつ》や道徳《どうとく》を基《き》準《じゅん》にしたものではなく、自分《じぶん》の力《ちから》でさとりを求《もと》める「自力《じりき》」の限界《げんかい》を知《し》らされ、阿弥陀《あみだ》さまのはたらきである「他力《たりき》」に気《き》づかされた人《ひと》のことを指《さ》します。

恩徳讃《おんどくさん》って、いつも歌《うた》うけど、誰《だれ》が作《つく》ったの?

◎恩徳讃《おんどくさん》

如来大悲《にょらいだいひ》の恩徳《おんどく》は
身《み》を粉《こ》にしても報《ほう》ずべし
師主知識《ししゅちしき》の恩徳《おんどく》も
ほねをくだきても謝《しゃ》すべし

恩徳讃《おんどくさん》ってメロディーはおぼえやすいけど、言葉《ことば》がむずかしいわ

親鸞《しんらん》さまが85歳頃《さいごろ》に作《つく》られた和讃《わさん》とよばれるものの一《ひと》つだよ。当時《とうじ》は字《じ》が読《よ》めない人《ひと》も多《おお》かったから、少《すこ》しでも多《おお》くの人《ひと》に教《おし》えを伝《つた》えるために、お作《つく》りになられたんだ。

親鸞《しんらん》さまは29歳《さい》で法然《ほうねん》さまに出《で》あわれた後《あと》、35歳《さい》で越後《えちご》（今《いま》の新潟県《にいがたけん》）、40歳《さい》すぎに関東地方《かんとうちほう》へ移《うつ》られ、教《おし》えをひろめられながら、それをまとめた本《ほん》を書《か》きはじめられた。そして60歳《さい》をすぎた頃《ころ》、京都《きょうと》にお戻《もど》りになった。その後《ご》90歳《さい》でご往生《おうじょう》されるまで、親鸞《しんらん》さまはたくさんのお書物《しょもつ》をおつくりになったよ。

二人《ふたり》も「※正信偈《しょうしんげ》」と「恩徳讃《おんどくさん》」は知《し》ってるよね。

◆親鸞《しんらん》さまは、1263年《ねん》1月《がつ》16日《にち》に90歳《さい》で往生《おうじょう》されました。毎年《まいとし》1月《がつ》9日《か》から16日《にち》まで、京都《きょうと》の西本願寺《にしほんがんじ》では「御正忌報恩講法要《ごしょうきほうおんこうほうよう》」という法要《ほうよう》がつとまります。また、それに前後《ぜんご》して全国《ぜんこく》の浄土真宗《じょうどしんしゅう》のお寺《てら》で、また浄土真宗《じょうどしんしゅう》の家庭《かてい》で「報恩講《ほうおんこう》」がつとまります。

この「報恩講《ほうおんこう》」とは、90年《ねん》にわたるご生涯《しょうがい》をかけて浄土真宗《じょうどしんしゅう》の教《おし》えをあきらかにし、私《わたし》たちに伝《つた》えてくださった親鸞《しんらん》さまをしのび、同時《どうじ》に阿弥陀《あみだ》さまのはたらきを私《わたし》が聞《き》かせていただく法要《ほうよう》です。

◆「帰命無量寿如来《きみょうむりょうじゅにょらい》　南無不可思議光《なもふかしぎこう》～」ではじまる「正信偈《しょうしんげ》」は、親鸞《しんらん》さまが書《か》かれた書物《しょもつ》『教行信証《きょうぎょうしんしょう》』の中《なか》の一部分《いちぶぶん》です。

そうだね。この歌《うた》は親鸞《しんらん》さまが、阿弥陀《あみだ》さまやそのおこころを伝《つた》えてくださった方々《かたがた》のご恩《おん》をよろこばれた歌《うた》だよ。「如来大悲《にょらいだいひ》」とは阿弥陀《あみだ》さまのおこころのこと、「師主知識《ししゅちしき》」とはそれを伝《つた》えてくださったたくさんの方々《かたがた》のことだよ。「身《み》を粉《こ》にする」とか「骨《ほね》を砕《くだ》く」とか、ちょっとびっくりする言葉《ことば》が使《つか》われているけど、あまりにも大《おお》きすぎて、お返《かえ》しすることもできない、感謝《かんしゃ》してもしきれないほどの大《おお》きなご恩《おん》だと受《う》けとめていらっしゃるんだね。お年《とし》をとられた親鸞《しんらん》さまが、「この人生《じんせい》で、本当《ほんとう》に出《で》あうべきものに出《で》あうことができて、よかったなあ、涙《なみだ》がでるほどうれしいなあ」という気持《きも》ちを、あらわされたんだ。

幼《おさな》い頃《ころ》にお父《とう》さんお母《かあ》さんと別《わか》れてしまった親鸞《しんらん》さまだけど、もっともっと大《おお》きな阿弥陀《あみだ》さまに出《で》あえたことを、ずっとよろこんでいかれたんだね

そうだね。親鸞《しんらん》さまは、「すべてのいのちあるものは、みなつながりあっている親子《おやこ》であり、きょうだいである」と教《おし》えてくださっているよ。そして、すべてのいのちあるもののそれぞれの親《おや》が阿弥陀《あみだ》さまだ。阿弥陀《あみだ》さまは、私《わたし》たち一人《ひとり》ひとりに向《む》かって、「私《わたし》があなたの親《おや》だよ」とやさしくよびかけてくださっている。恩徳讃《おんどくさん》は、歌《うた》うすべての人《ひと》にとって、「阿弥陀《あみだ》さまと出《で》あえて、よかったなあ」っていうよろこびの気持《きも》ちをあらわす歌《うた》なんだよ。

意味《いみ》がわかると、もっとこころがあったかーくなる歌《うた》ね。私《わたし》、大《だい》好《す》きになっちゃった

第3章　阿弥陀《あみだ》さまがごいっしょ（生活《せいかつ》）

①「まもられて」生《い》きる

二人《ふたり》はきもだめしをしたり、おばけ屋敷《やしき》に行《い》ったことはある？

あるよ。ちいさいときはこわくて途中《とちゅう》で引《ひ》きかえしちゃったけど、今《いま》は多分《たぶん》大丈夫《だいじょうぶ》

私《わたし》はそんなにきらいじゃないわ。きゃーきゃーさわいでいるけどね

きもだめしやおばけ屋敷《やしき》って、一体何《いったいなに》がこわいんだと思《おも》う？

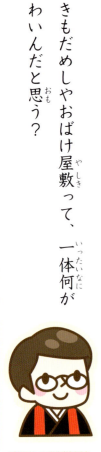

うーん。ぼくは夜一人《よるひとり》で部屋《へや》に物《もの》をとりにいくのがいやだから、暗《くら》いことがこわい原因《げんいん》だと思《おも》うな

暗《くら》くてまわりがよく見《み》えないと、何《なに》かいるかもって思《おも》っちゃうのよね。でも、おばけって本当《ほんとう》にいるのかなぁ

さあどうだろう。お坊《ぼう》さんはおばけの専門家《せんもんか》じゃないからね。

でもある方《かた》から聞《き》いた話《はなし》だけどね。たとえばおばけなどについてどう考《かんが》えるか、人間《にんげん》は2つのタイプに分《わ》かれるそうだよ。ひとつは「目《め》には見《み》えない世界《せかい》は、何《なん》となくおそろしい」って考《かんが》えている人《ひと》、もうひとつは「目《め》には見《み》えない世界《せかい》なんて存在《そんざい》しない」って考《かんが》えている人《ひと》だよ。

おばけがこわい人《ひと》は、「目《め》には見《み》えない世界《せかい》はおそろしい」って思《おも》っている方《ほう》の人《ひと》だね

そうだね。ほかにも、うらないを気《き》にする人《ひと》、お寺《てら》や神社《じんじゃ》でお願《ねが》いごとをする人《ひと》も、これにあてはまると思《おも》うよ。テレビや雑誌《ざっし》のうらないコーナーはチェックしたりしてる?

してるしてる。運勢《うんせい》がいい日《ひ》って言《い》われると、うれしくなるけど、運勢《うんせい》が悪《わる》いって言《い》われると、出《で》かけるのが少《すこ》しいやになっちゃうのよね

でも運動会《うんどうかい》の朝《あさ》、テレビで運勢《うんせい》は最高《さいこう》って言《い》われてたのに、本番《ほんばん》ではくつが脱《ぬ》げて転《ころ》んじゃったよ

アッハッハ。残念《ざんねん》だったね。そもそも、どうしてうらないが気《き》になるんだろうね。先生《せんせい》も気《き》にしてないつもりだけど、テレビでやってるとつい見《み》ちゃうときがあるよ。きっと、できれば一日《いちにち》を都合《つごう》よく過《す》ごしたいという思《おも》

◆「何《なに》か大《おお》きな力《ちから》が全《すべ》てを支配《しはい》している」「運命《うんめい》は最初《さいしょ》から決《き》まっている」「たたりがあるかもしれない」などと考《かんが》えて、何《なん》とかして未来《みらい》やその影響《えいきょう》を知《し》ろうとするのが「うらない」なのではないでしょうか。

◆お寺《てら》や神社《じんじゃ》で「病気《びょうき》がなおりますように」などと、人間以上《にんげんいじょう》の不思議《ふしぎ》な力《ちから》を持《も》つとされる神仏《しんぶつ》の力《ちから》を借《か》りて、幸《しあわ》せを求《もと》めたり、災《わざわ》いから逃《のが》れようとすることを現世祈祷《げんぜきとう》といいます（「お守《まも》り」もこの一種《いっしゅ》といえます）。このような現世祈祷《げんぜきとう》やうらないにたよらずに生《い》きていくことが浄土真《じょうどしん》宗《しゅう》の大《おお》きな特徴《とくちょう》のひとつです。

いがあって、うらないが教《おし》えてくれることをたよりにしたいという弱《よわ》さがあるからじゃないかなと思《おも》うんだ。
自分《じぶん》は弱《よわ》いと思《おも》うからこそ、目《め》には見《み》えない世界《せかい》が自分《じぶん》たちの生活《せいかつ》に影響《えいきょう》していると思《おも》い込《こ》んで、よけいにおそれたり、不安《ふあん》になっちゃったりするんじゃないかな。

目《め》には見《み》えない世界《せかい》なんてないっていう人《ひと》は?

世《よ》の中《なか》をあくまで科学的《かがくてき》、合理的《ごうりてき》にわりきって生《い》きる人《ひと》だね。科学《かがく》で証明《しょうめい》ができないおばけなんてものは存在《そんざい》しないし、うらないなんて意味《いみ》がない、っていう考《かんが》えの人《ひと》だ。おばけやうらないについてはこっちの考《かんが》え方《かた》がずっといいと思《おも》うよ。

でもひとつ欠点《けってん》があるんだ。それはね、「目《め》には見《み》えない世界《せかい》はない」ってわりきってしまうと、人間《にんげん》の世界《せかい》がす

◆受験《じゅけん》に合格《ごうかく》したい場合《ばあい》には、まずは自分自身《じぶんじしん》が勉強《べんきょう》することが必要《ひつよう》です。私《わたし》たちは普段《ふだん》の生活《せいかつ》においては、現世祈祷《げんぜきとう》やうらないにたよらず、正《ただ》しい因果関係《いんがかんけい》に基《もと》づき、科学的《かがくてき》、合理的《ごうりてき》に対処《たいしょ》、行動《こうどう》していくべきです。

べてだという考《かんが》え方《かた》になってしまい、本当《ほんとう》の意味《いみ》での生《い》きることのよろこびやしあわせなども、わからなくなってしまうんだ。

それじゃあ、どっちの考《かんが》えもよくないとすると、どうすればいいの？

そうだね。目《め》には見《み》えない世界《せかい》をおそれるのでなく、その存在《そんざい》を否定《ひてい》するのでもない、もうひとつの生《い》き方《かた》があるんだ。

阿弥陀《あみだ》さまってどんな仏《ほとけ》さまだったか思《おも》い出《だ》してみて。

ええ～っと、「アミダ」は「はかることのできない」という意味《いみ》だったよ。科学《かがく》や常識《じょうしき》でははかることができない仏《ほとけ》さまだよ

◆もし「一生《いっしょう》に一度《いちど》のお願《ねが》い！」がたまたまかなったとしても、しばらくするとまた次《つぎ》の「一生《いっしょう》のお願《ねが》い」が出《で》てくることでしょう。また、「自分《じぶん》が合格《ごうかく》しますように」というお願《ねが》いは、うらを返《かえ》せば「他《ほか》の誰《だれ》かが不合格《ふごうかく》となりますように」という自己中心的《じこちゅうしんてき》なお願《ねが》いでもあります。このようにお願《ねが》いごとのほとんどは、かえって自己中心的《じこちゅうしんてき》な欲《よく》や煩悩《ぼんのう》を盛《さか》んにするものであり、仏教《ぶっきょう》の教《おし》えと反対《はんたい》の方向《こう》にあるものと言《い》えるでしょう。

「すべてのいのちあるものを救《すく》う」と願《ねが》い、はたらいていてくださる仏《ほとけ》さまだったわ。そして、私《わたし》たちの力《ちから》やはからいが一切必要《いっさいひつよう》ない、他力《たりき》の仏《ほとけ》さまよ

それに、僕《ぼく》たちの本当《ほんとう》のすがたを知《し》らせてくれて、だからこそ「だいじょうぶだよ」と救《すく》いの一番《いちばん》のめあてとしてくださる仏《ほとけ》さまだったね

そうだね。まず、阿弥陀《あみだ》さまは、決《けっ》して私《わたし》たちに悪《わる》い出来事《できごと》をおこすような方《かた》ではなく、常《つね》に私《わたし》によりそいつづけ味方《みかた》になってくださる方《かた》であるということ。

さらに、「はかることのできない」、というように、阿弥陀《あみだ》さまのもともとの姿《すがた》は、じつは色《いろ》もかたちもない仏《ほとけ》さまなんだ。ということは、「いつでもどこでもごいっしょしてくださっている」仏《ほとけ》さまということ。

だから、お寺《てら》やお仏壇《ぶつだん》の前《まえ》だけじゃなく、学校《がっこう》でみんなと遊《あそ》んでいるときも、ひとりぼっちのときも、寝《ね》ているときも、阿弥陀《あみだ》さまのことを忘《わす》れているときも、阿弥陀《あみだ》さまはいつもごいっしょなんだ。

つまり私《わたし》たちは、阿弥陀《あみだ》さまの、「どんなことがあってもだいじょうぶだよ」、「何《なに》があっても私《わたし》はあなたの味方《みかた》だよ」、という安心《あんしん》に、いつでもとりかこまれているんだよ。

阿弥陀《あみだ》さまっていう大《おお》きな安心《あんしん》に守《まも》られているのね。安心《あんしん》だからこそ、うらないや願《ねが》いごとは全《まった》く必要《ひつよう》がなくなってしまうのね

そうだよ。まもられて生《い》きる、安心《あんしん》して生《い》きる、という生《い》き方《かた》があるんだよ。

◆阿弥陀《あみだ》さまの本質《ほんしつ》は、色《いろ》もかたちもなく言葉《ことば》で表現《ひょうげん》することもできない真実《しんじつ》のさとりそのもので、「法性法身《ほっしょうほっしん》」といいます。そして、さとりそのものが、私《わたし》たちに認識《にんしき》ができるようにかたちをとってあらわれてくださった姿《すがた》を「方便法身《ほうべんほっしん》」といいます。お寺《てら》やお仏壇《ぶつだん》の本尊《ほんぞん》の阿弥陀《あみだ》さまは、この「方便法身《ほうべんほっしん》」です。

◆「うそも方便《ほうべん》」（うそをつくことは本来《ほんらい》いけないことだが、時《とき》と場合《ばあい》によっては必要《ひつよう》である）ということわざが有名《ゆうめい》ですが、「方便《ほうべん》」はもともと、「真実《しんじつ》に近《ちか》づけるためのたくみな手《て》だて」という仏教《ぶっきょう》で大切《たいせつ》な用語《ようご》です。かた

ちをとった「方便法身《ほうべんほっしん》」という「たくみな手《て》だて」によってはじめて、私《わたし》たちは阿弥陀《あみだ》さまのはたらきを味《あじ》わうことができるのです。

②「ありがとう」と生《い》きる

二人《ふたり》は学校《がっこう》の授業《じゅぎょう》で好《す》きな科目《かもく》ってなにかな？

僕《ぼく》は体育《たいいく》と理科《りか》。図工《ずこう》も得意《とくい》だよ！

私《わたし》は算数《さんすう》よ。算数《さんすう》はこたえがはっきりしているところが気持《きも》ちいいの

全国《ぜんこく》の小学生《しょうがくせい》に聞《き》いたら、図工《ずこう》や体育《たいいく》、それに算数《さんすう》が好《す》きっていう人《ひと》が多《おお》いそうだよ。でも算数《さんすう》は嫌《きら》いっていう人《ひと》も多《おお》いんだって。それなら、もし科目《かもく》の中《なか》に、給食《きゅうしょく》と休憩時間《きゅうけいじかん》というのが加《くわ》わったらどうなるかな？

Q

クイズ 浄土真宗《じょうどしんしゅう》

A

この本《ほん》のどこかにヒントがあるよ！

次《つぎ》のページからちょうせんしてね

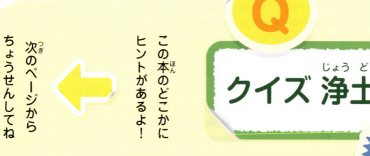

僕《ぼく》なら断然《だんぜん》、給食《きゅうしょく》と休憩時間《きゅうけいじかん》がツートップだよ

先生《せんせい》もそうだったよ。給食《きゅうしょく》で出《で》ていた「くじらの竜田揚《たつたあ》げ」が懐《なつ》かしいなぁ。友《とも》だちと一緒《いっしょ》に給食《きゅうしょく》を食《た》べたり、家《か》族《ぞく》と食卓《しょくたく》を囲《かこ》んでおいしいものを食《た》べてお腹《なか》がいっぱいになると、なんだかしあわせな気持《きも》ちになるよね。生《い》きるためには食《た》べることが必要《ひつよう》だけど、食《た》べるということは、生《い》き物《もの》のいのちをいただくということだよね。

つまり生《い》きることは、いのちをうばうことでもあるんだ。

いのちをうばうこと!?

もんだい 1

「花《はな》まつり」は何《なに》をお祝《いわ》いする行事《ぎょうじ》でしょう?

そうだよ。
それでは、ここでひとつ問題《もんだい》を出《だ》しまーす！　「私《わたし》たちが口《くち》にしているもので、生《い》き物《もの》でないものがふたつだけありますが、それは何《なん》でしょう？」

肉《にく》や魚《さかな》は当然《とうぜん》生《い》き物《もの》だから、野菜《やさい》とかお米《こめ》かな？

心臓《しんぞう》や脳《のう》はないけど野菜《やさい》も生《い》き物《もの》よ。だって毎日《まいにち》成長《せいちょう》しているもん

「口《くち》にしている」ってことは食《た》べ物《もの》だけじゃなくて飲《の》み物《もの》も含《ふく》まれるな…。あっ、水《みず》は？

正解《せいかい》！　もうひとつは何《なん》だと思《おも》う？　ヒントは料理《りょうり》でつかう調味料《ちょうみりょう》だよ。

こたえ 1

お釈迦《しゃか》さまの誕生《たんじょう》（お誕生日《たんじょうび》）。
お釈迦《しゃか》さまに甘茶《あまちゃ》をかけてお祝《いわ》いしましょう。

砂糖《さとう》の原料《げんりょう》は植物《しょくぶつ》のさとうきびだし…、ねえ塩《しお》は？

ピンポ〜ン！　正解《せいかい》!!

逆《ぎゃく》に、このふたつ以外《いがい》はすべていのちがあったものなんだ。

「弱肉強食《じゃくにくきょうしょく》」という言葉《ことば》をきいたことがあるかな？　強《つよ》い生《い》き物《もの》が自分《じぶん》より弱《よわ》い生《い》き物《もの》を食《た》べて生《い》きる、という意味《いみ》だよ。たとえば、草《くさ》がバッタに食《た》べられる、そしてバッタはニワトリに食《た》べられる、というようにね。すべての生《い》き物《もの》は、他《ほか》のいのちをうばって生《い》きているけれど、実《じつ》は自分《じぶん》が食《た》べられることもあるんだね。残酷《ざんこく》だけど、これが生《い》き物《もの》の世界《せかい》のしくみなんだ。

でも…ここでまた問題《もんだい》です！　「他《ほか》の動物《どうぶつ》に食《た》べられることのない生《い》き物《もの》って何《なに》かな？」

もんだい 2

阿弥陀《あみだ》さまのお名前《なまえ》のもとになった
「アミター」とはどんな意味《いみ》でしょう？

たぶん大《おお》きな生《い》き物《もの》だよね。象《ぞう》とかライオンとかくじらは?

でも象《ぞう》やライオンも死《し》んだら他《ほか》の動物《どうぶつ》や微生物《びせいぶつ》の食《た》べ物《もの》になるよね… 人間《にんげん》ってどうなのかな?

そうだね。正解《せいかい》は人間《にんげん》だね。人間《にんげん》は全《すべ》ての生《い》き物《もの》の中《なか》でも例外的《れいがいてき》なんだ。でも「人間《にんげん》は特別《とくべつ》にえらいのだから、そんなことはあたりまえだ」とは仏教《ぶっきょう》では考《かんが》えないんだよ。お釈迦《しゃか》さまのおしえで「縁起《えんぎ》」ということを話《はな》したね。すべてのものはつながりあって存在《そんざい》している、すべてのいのちは支《ささ》え合《あ》って生《い》きているということ。そして阿弥陀《あみだ》さまの願《ねが》いは「すべてのいのちあるものを救《すく》う」だったよね。ひとつひとつのいのち全部《ぜんぶ》だよ。阿弥陀《あみだ》さまが見《み》られたいのちの重《おも》さはすべて等《ひと》しいんだ。人間《にんげん》も例外《れいがい》じゃないんだよ。そして私《わたし》のたった一回《いっかい》の食事《しょくじ》には、同《おな》じ重《おも》さを持《も》つ何《なん》

こたえ 2

「はかることができない」。阿弥陀《あみだ》さまとは、はかることができない光《ひかり》といのちの仏《ほとけ》さまということです。

千何万《ぜんなんまん》のいのちがつまっている。ニワトリ一羽《いちわ》もたくさんのいのちで成《な》り立《た》っているからね。

そうなんだぁ。それじゃあ「いただきます」っていうのは「いのちをいただく」っていう意味《いみ》なの?

そうだよ。「食事《しょくじ》のことば」というのがあって、食《た》べる前《まえ》と食《た》べた後《あと》にそれぞれ、手《て》をあわせて次《つぎ》の言葉《ことば》を言《い》うといいよ。食《た》べる前《まえ》の言葉《ことば》はね、次《つぎ》の通《とお》りだよ。

【食前《しょくぜん》のことば】
多《おお》くのいのちと
みなさまのおかげにより
このごちそうをめぐまれました
深《ふか》くご恩《おん》を喜《よろこ》び
ありがたくいただきます

もんだい 3

お釈迦《しゃか》さまがお生《う》まれになったのは、
今《いま》からどのくらい昔《むかし》でしょう?

「ご恩《おん》をよろこぶ」ってどういう意味《いみ》？

「恩《おん》」とは、自分《じぶん》のためになされたことを知《し》るということ。「よろこぶ」とはそれに感謝《かんしゃ》するということ。たった一度《いちど》の食事《しょくじ》にも、たくさんの動物《どうぶつ》や植物《しょくぶつ》のいのちがつまっていること、それだけじゃなくその生《い》き物《もの》を育《そだ》て、殺《ころ》し、食《た》べ物《もの》に加工《かこう》してくださった人《ひと》たちがおられることも、私《わたし》たちはもっと知《し》らないといけないね。

でもスーパーではきれいなパックに入《はい》ったお肉《にく》やお魚《さかな》が売《う》られているし、正直《しょうじき》そんなに殺《ころ》しているなんていう気持《きも》ちにはなれないなあ

いのちあるものに実際《じっさい》に手《て》をかけて殺《ころ》していくことは心《こころ》が痛《いた》む。食事《しょくじ》のたびに「ブタさん魚《さかな》さんごめんなさい」っ

こたえ 3

今《いま》から約《やく》2500年前《ねんまえ》。

て泣《な》きながらあやまるのもつらいよね。昔《むかし》はぜんぶ自分《じぶん》でしなきゃいけなかったんだけど、人《ひと》にやってもらっているうちに心《こころ》も痛《いた》まなくなってしまったんだね。そうしてパックに入《はい》った肉《にく》を見《み》ても、いのちに感謝《かんしゃ》するどころか、おいしそうとか、値段《ねだん》が高《たか》いとか安《やす》いとかくらいしか考《かんが》えなくなってしまった。食《た》べ物《もの》を手《て》に入《い》れるのは昔《むかし》にくらべてずいぶん楽《らく》になったけれども、そこに大《おお》きな落《お》とし穴《あな》があったんだと思《おも》うよ。

落《お》とし穴《あな》ってどういうこと?

心《こころ》を痛《いた》めることなく食《た》べ物《もの》があたりまえに手《て》に入《はい》る生活《せいかつ》では、生《い》きていることも「あたりまえ」になってしまうんだよ。想像《そうぞう》してごらん。「学校《がっこう》の先生《せんせい》が教《おし》えてくれるのは

もんだい 4

お釈迦《しゃか》さまは、お生《う》まれになってすぐ、7歩《ほ》あるかれて、何《なん》と言《い》われたと伝《つた》わっているでしょう?

あたりまえ」、「ごはんを食《た》べることもあたりまえ」、「生《う》まれてきたこともあたりまえ」、になったら生《い》きていてうれしいと思《おも》えるかな？　逆《ぎゃく》に、うれしい時《とき》ってたいてい、いつもと違《ちが》って「あたりまえ」じゃない時《とき》だよね。

それじゃ、もうひとつ質問《しつもん》しまーす。「あたりまえ」の反対語《はんたいご》ってなんだと思《おも》う？

うーん。「めずらしい」かなぁ？　ちょっと違《ちが》う気《き》もするなぁ

生《い》きていることが不思議《ふしぎ》だなぁっていう感《かん》じね

正解《せいかい》は「ありがたい」だよ。漢字《かんじ》では「有《あ》り難《がた》い」と書《か》くように、「有《あ》ることが難《むずか》しい」、「貴重《きちょう》で得難《えがた》い」ということだよ。これはもともとは仏教《ぶっきょう》の言葉《ことば》で、そこから人《ひと》

こたえ 4

てんじょうてんげゆいがどくそん（天上天下唯我独尊）。この地球上《ちきゅうじょう》、さらに宇宙全体《うちゅうぜんたい》のどこをさがしても、「私《わたし》」という存在《そんざい》、いのちはたったひとつしかない尊《とうと》いものである、という意味《いみ》です。

にお礼《れい》を言《い》うときの言葉《ことば》になっていったんだ。「あなたが私《わたし》にしてくれたことは、あたりまえのことではありません」ということだね。

　そして、自分《じぶん》の周《まわ》りすべてに感謝《かんしゃ》しながら「ありがとう」と言《い》って、生《い》きていくことが、私《わたし》たちがしあわせな人《じん》生《せい》を生《い》きていく上《うえ》で大切《たいせつ》なポイントだと思《おも》うよ。

「ありがとう」って、そんな意味《いみ》があったんだ

食《た》べた後《あと》の言葉《ことば》もあるんだよ。

【食後《しょくご》のことば】

尊《とうと》いおめぐみを
おいしくいただき
ますます御恩報謝《ごおんほうしゃ》につとめます
おかげで　ごちそうさまでした

もんだい 5

きびしい修行《しゅぎょう》でボロボロになったお釈迦《しゃか》さまに、
村《むら》の娘《むすめ》・スジャータがさしあげたのは
何《なん》でしょう？

「御恩報謝《ごおんほうしゃ》につとめる」ってどういう意味《いみ》なの?

たとえば、夏休《なつやす》みの最後《さいご》の日《ひ》にまだたくさん宿題《しゅくだい》が残《のこ》っていたら、ほんとは、お手伝《てつだ》いしなきゃいけないと思《おも》ってはいても、とてもじゃないけど家《いえ》のお手伝《てつだ》いなんかする余裕《よゆう》はないはずだ。だけど、家族《かぞく》とかまわりの人達《ひとたち》に支《ささ》えられて生《い》きているのだから、せめて少《すこ》しのお手伝《てつだ》いくらいはさせてもらおう、と思《おも》い直《なお》してお手伝《てつだ》いをすること。「御恩報謝《ごおんほうしゃ》」はこれに似《に》ているよ。阿弥陀《あみだ》さまがいつでもどこでもごいっしょしてくださっていると知《し》ることができたら、私《わたし》たちの大《おお》きな安心《あんしん》だよね。それならばこそと、まわりの人《ひと》や世《よ》の中《なか》のために私《わたし》も精《せい》いっぱいつくそうとすること、これが「御恩報謝《ごおんほうしゃ》につとめる」ということだよ。

お手伝《てつだ》い以外《いがい》にはどういうことをすればいいの?

こたえ
5

乳粥《ちちがゆ》。
これを食《た》べてお釈迦《しゃか》さまは
元気《げんき》をとりもどされました。

御恩報謝《ごおんほうしゃ》は、「もうすでに阿弥陀《あみだ》さまがごいっしょだなぁ」って安心《あんしん》した人《ひと》が、少《すこ》しでも阿弥陀《あみだ》さまの救《すく》いにこたえる生《い》き方《かた》をしようとしてすることなんだ。だから、「しなければならない」ものではなくて「させていただく」ものなんだよ。誰《だれ》も見《み》ていない時《とき》でも一生懸命《いっしょうけんめい》そうじをしたり、人《ひと》に優《やさ》しく接《せっ》したり、それができない場合《ばあい》でも、お念仏《ねんぶつ》を申《もう》しながら精《せい》いっぱい生《い》きていくだけでも御恩報謝《ごおんほうしゃ》の生《い》き方《かた》になるんだよ。

よくわかったわ。いのちをいただいているんだから、好《す》き嫌《きら》いを言《い》ったり、食《た》べ残《のこ》したりしないように、おいしくいただくようにするわ

よーし。「食事《しょくじ》のことば」をみんなにも広《ひろ》めて「御恩報謝《ごおんほうしゃ》」だ！

もんだい 6

お釈迦《しゃか》さまがおさとりをひらかれたのは何歳《なんさい》のときだったでしょうか？

③「仏《ほとけ》さま」と生《い》きる

二人《ふたり》は、このAグループとBグループだったら、どっちがいい？

Aグループ

勉強《べんきょう》ができる、スポーツが得意《とくい》、友《とも》だちが多《おお》い

健康《けんこう》である

Bグループ

勉強《べんきょう》が苦手《にがて》、スポーツが下手《へた》、友《とも》だちは少《すく》ない

健康《けんこう》にめぐまれていない

それは断然《だんぜん》Aグループがいいに決《き》まってるよ

こたえ 6

35歳《さい》。

私《わたし》も同《おな》じよ。先生《せんせい》はどうなの？

やっぱりAだよね、といきたいところだけど、結論《けつろん》を出《だ》すのはちょっと待《ま》って。これから「阿《あ》弥陀《みだ》さまのものさし」の話《はなし》をするよ。

ものさしって？ 阿弥陀《あみだ》さまはそれで何《なに》をはかるの？

見《み》たところ、阿弥陀《あみだ》さまは手《て》には何《なに》も持《も》ってないわよ

ものさしって学校《がっこう》の授業《じゅぎょう》でも使《つか》う定規《じょうぎ》のことだけど、辞書《じしょ》を引《ひ》くと「ものごとの評価《ひょうか》や判断《はんだん》のよりどころとなるもの」ってのっているよ。さっきBグループよりもAグル

もんだい 7

お釈迦《しゃか》さまの教《おし》えの内容《ないよう》をまとめた「お経《きょう》」。

全部《ぜんぶ》でどれくらいあると言《い》われているでしょう。

そして、そのなかでも、お釈迦《しゃか》さまご自身《じしん》が
「私《わたし》は、この教《おし》えを説《と》くためにこの世《よ》に生《う》まれてきた」

とおっしゃったお経《きょう》は？

ープの方《ほう》がいいっていう二人《ふたり》の意見《いけん》だったけど、それは二人《ふたり》のそれぞれの「ものさし」でAとBをはかった結果《けっか》、「Aの方《ほう》がすぐれている」という見方《みかた》になったわけだ。

誰《だれ》に聞《き》いても同《おな》じだと思《おも》うけどなあ

そうだね。「BよりもAがいい」というのは、世《よ》の中《なか》の人《ひと》たちの普通《ふつう》のものさしだね。「年《とし》をとるよりも、若《わか》い方《ほう》がよい」、「病気《びょうき》よりは、健康《けんこう》の方《ほう》がよい」、とか「死《し》ぬことはだめだ、生《い》きている方《ほう》がいいに決《き》まっている」と普通《ふつう》は考《かんが》えるよね。これが、「常識《じょうしき》のものさし」だ。

こたえ 7

8万《まん》4千《せん》。
『仏説無量寿経《ぶっせつむりょうじゅきょう》』。

じゃあ、「阿弥陀《あみだ》さまのものさし」ってどんなもの?

私《わたし》たちは普段《ふだん》、家《いえ》や学校《がっこう》では、「勉強《べんきょう》ができない人《ひと》よりはできる人《ひと》の方《ほう》がよい」、「走《はし》るのが遅《おそ》い人《ひと》よりは速《はや》い人《ひと》の方《ほう》がよい」と思う。でも、現実《げんじつ》には全《すべ》ての人《ひと》が勉強《べんきょう》やスポーツが得意《とくい》なわけではないよね。だからこの「常識《じょうしき》のものさし」ではかると必《かなら》ず「ダメな人《ひと》」が出《で》てきてしまう。

ダメな人《ひと》か。厳《きび》しいなあ。ぼくももしかしたらそうかもしれないなぁ

そこで「阿弥陀《あみだ》さまのものさし」の出番《でばん》だ。阿弥陀《あみだ》さまは、勉強《べんきょう》がよくできる人《ひと》や走《はし》るのが速《はや》い人《ひと》には「すごいね

もんだい 8

親鸞《しんらん》さまのお誕生日《たんじょうび》は何月何日《なんがつなんにち》でしょうか?

え」と、ほめてくださる。そして勉強《べんきょう》できない人《ひと》や走《はし》るのが遅《おそ》い人《ひと》にも、「だいじょうぶ。それでいいんだよ」と言《い》ってくださるんだ。

それだけじゃなくて「体《からだ》が弱《よわ》くてもいいよ、だいじょうぶだよ」、やがていのちがつきて死《し》んでいく時《とき》にも、「だいじょうぶだよ。私《わたし》がいるよ。安心《あんしん》するんだよ」と言《い》ってくださるんだよ。

死《し》んでもだいじょうぶなんてことがあるの!?

そうだよ。阿弥陀《あみだ》さまは、ダメな人《ひと》はひとりもいないとおっしゃってくださるよ。また、どんな病気《びょうき》でも、どのような形《かたち》で死《し》んでいこうと阿弥陀《あみだ》さまはまった

こたえ 8

5月《がつ》21日《にち》
(新暦《しんれき》1173年《ねん》5月《がつ》21日《にち》、旧暦承安《きゅうれきじょうあん》3年《ねん》4月《がつ》1日《にち》)。
このころ、各地《かくち》のお寺《てら》で、
親鸞《しんらん》さまのお誕生日《たんじょうび》を祝《いわ》う「降誕会《ごうたんえ》」が
行《おこな》われます。

く問題《もんだい》にされないんだ。

あたりまえのことだけど、人間《にんげん》はみんな死《し》んでいかなくてはならない。人《ひと》の死亡率《しぼうりつ》は100パーセントだ。だから「常《じょう》識《しき》のものさし」ではかれば、みーんな最後《さいご》は「ダメな人《ひと》」で終《お》わってしまうことになるよね。

確《たし》かにそうだね

でも、阿弥陀《あみだ》さまは、私《わたし》たちのいのちのことを、「お浄《じょう》土《ど》に生《う》まれ仏《ほとけ》さまになる尊《とうと》いいのち」である、と見《み》ていてくださる。そして、「だいじょうぶだよ。老《お》いることも、病気《びょうき》することも、死《し》ぬこともダメになっていくことじゃないんだ」と言《い》ってくださる。だからこそ、安心《あんしん》して、精《せい》いっぱい一日一日《いちにちいちにち》を生《い》きていくことができるんだ。

もんだい 9

親鸞《しんらん》さまは何歳《なんさい》でご往生《おうじょう》されたでしょうか?
また、ご命日《めいにち》（往生《おうじょう》された日《ひ》）は
何月何日《なんがつなんにち》でしょうか?

「阿弥陀《あみだ》さまのものさし」だから、安心《あんしん》なのね

阿弥陀《あみだ》さまのおこころを聞かせてもらうことではじめて、老《お》い、病《や》み、死《し》んでいくこのいのちだけど、仏《ほとけ》さまがいっしょに生《い》きてくださっているいのちだと気《き》づき安心《あんしん》することができるんだ。

でも、何《なん》でも大丈夫《だいじょうぶ》なら、勉強《べんきょう》しなくてもいいってことにならないかなあ。人《ひと》にいじわるしてもいいとか

以前《いぜん》にも同《おな》じような質問《しつもん》があったね。生《い》きていくかぎりもちろん「常識《じょうしき》のものさし」も必要《ひつよう》だよ。一生懸命努力《いっしょうけんめいどりょく》をしたり、友《とも》だちに親切《しんせつ》にすることはとても大切《たいせつ》なことだ。

こたえ 9

90歳《さい》。
1月《がつ》16日《にち》（新暦《しんれき》1263年《ねん》1月《がつ》16日《にち》、旧暦弘長《きゅうれきこうちょう》2年《ねん》11月《がつ》28日《にち》）。このころ、京都《きょうと》の本願寺《ほんがんじ》では親鸞《しんらん》さまに感謝《かんしゃ》する、最《もっと》も重要《じゅうよう》な法要《ほうよう》、「御正忌報恩講法要《ごしょうきほうおんこうほうよう》」がつとめられます。

でも、私《わたし》たちは限《かぎ》りある存在《そんざい》だからね、「阿弥陀《あみだ》さまのものさし」がないと本当《ほんとう》にはしあわせになることはできないよ。

たとえば二人《ふたり》には将来《しょうらい》の夢《ゆめ》ってあるのかな？

ぼくはサッカー選手《せんしゅ》。だけど最近《さいきん》ちょっと無理《むり》かなぁという気《き》もしてるんだ

いろんな人《ひと》が「夢《ゆめ》を持《も》ちなさい」って言《い》うけど、ほんとにそうなのかなあ、って思《おも》うこともあるわ

二人《ふたり》ともなかなか現実的《げんじつてき》だね。たとえば、有名《ゆうめい》なスポーツ選手《せんしゅ》やタレントなどになりたいという夢《ゆめ》を持《も》つ人《ひと》もいるかもしれない。その夢《ゆめ》をかなえるために、必死《ひっし》に努力《どりょく》することは素晴《すば》らしいことだと思《おも》う。でも、「こうなりたい」

もんだい 10

親鸞《しんらん》さまがお坊《ぼう》さんになったのは
何歳《なんさい》のときでしょう？
それから20年間《ねんかん》、
どこで過《す》ごされていたでしょう？

という理想《りそう》と現実《げんじつ》の差《さ》が大《おお》きければ大《おお》きいほど、生《い》きることがつらくなることも事実《じじつ》だよ。もし、たとえ夢《ゆめ》がかなえられなかったとしても、「だいじょうぶだよ。それでもいいんだよ」と、ありのままを認《みと》めてくださる方《かた》がいるとうれしいよね。

そうか。阿弥陀《あみだ》さまの「何《なに》があってもだいじょうぶだよ」の世界《せかい》がまずあって、その上《うえ》で努力《どりょく》していけばいいんだね

「阿弥陀《あみだ》さまがごいっしょ」って言《い》ってるでしょ。でも、私《わたし》は友《とも》だちの中《なか》でもひとりぼっちだなあと感《かん》じてつらいときがあるんだけど、阿弥陀《あみだ》さまと私《わたし》はどういっしょなの?

それはつらかったね。そしてすばらしい質問《しつもん》だ。実《じつ》はね、

こたえ 10

9歳《さい》、比叡山《ひえいざん》。
親鸞《しんらん》さまは、比叡山《ひえいざん》で20年間修行《ねんかんしゅぎょう》をされたけれど、
自分《じぶん》が仏《ほとけ》さまにとうてい近《ちか》づけない存在《そんざい》であることに
気《き》づかれました。

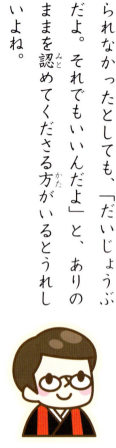

阿弥陀《あみだ》さまは「声《こえ》の仏《ほとけ》さま」として、もうすでに私《わたし》とごいっしょしてくださっているんだよ。

声《こえ》の仏《ほとけ》さま？

そうだよ。だから、つらい時《とき》も、楽《たの》しい時《とき》も、悲《かな》しい時《とき》も、うれしい時《とき》も、「ナモアミダブツ」と口《くち》にしてごらん。阿弥陀《あみだ》さまのことを思《おも》い出《だ》して、元気《げんき》と勇気《ゆうき》がわいてくるよ。

何《なに》があってもだいじょうぶの阿弥陀《あみだ》さまが、今《いま》この瞬間《しゅんかん》もいっしょ、だから安心《あんしん》なんだね

もんだい 11

親鸞《しんらん》さまは29歳《さい》で山《やま》を下《お》りて、
どなたのお弟子《でし》になられたでしょう？

そうか、阿弥陀《あみだ》さまは「ナモアミダブツ」となって、いつも私《わたし》とごいっしょしてくださっていたんだね

人《ひと》は、「誰《だれ》ひとり私《わたし》のことを知《し》ってはくれない、わかってくれない」と思《おも》ったとき、生《い》きていけなくなる。だけど、たったひとりでも知《し》ってくれて、見《み》てくれて、守《まも》ってくれるものがあると知《し》った時《とき》、生《い》きていけるよね。「ナモアミダブツ」のお念仏《ねんぶつ》とともに「仏《ほとけ》さまと生《い》きる」、そういう生《い》き方《かた》があるんだよ。

こたえ 11

法然《ほうねん》さま。
親鸞《しんらん》さまは法然《ほうねん》さまのもとで、
どんな人《ひと》でも等《ひと》しく仏《ほとけ》さまに救《すく》われていく、
お念仏《ねんぶつ》の教《おし》えに出《で》あわれました。

ナモアミダブツ、
ナモアミダブツ、
ナモアミダブツ・・・

浄土真宗の学びを
さらに深めたい方に
おすすめ。

ホップステップ 浄土真宗

「浄土真宗はじめの一歩」の続編。
浄土真宗の歩みを始められた方の「次の一歩」をテーマに、浄土真宗の「終活」をはじめ、社会に飛び出し活動する寺院・僧侶の紹介コラムを掲載。

森田 真円・釈 徹宗 著　B5判／80頁
オールカラー／本体 1,200円+税

キーワードで学ぶ浄土真宗の教え
……森田 真円
浄土真宗の先祖供養とは
……釈　徹宗

浄土真宗の入門書。お仏壇のお飾り、焼香の作法、おつとめ、浄土真宗の葬儀などを解説。本書を手に、浄土真宗のはじめの一歩を踏み出そう。B5判／76頁／オールカラー
本体 1,200円+税

浄土真宗 はじめの一歩

くらしの中に溶け込んでいる
日常語の元をたどれば、

あれも、これも、
みんな仏教語だった!!

いままで知らなかった、
ことばの「ほんとう」の意味を
わかりやすく解説した全225話。
仏教が楽しくなる本!!

文 辻本 敬順　絵 寄藤 文平
〈上巻〉276頁／〈下巻〉240頁／文庫判
各 本体 600円+税

見開き2ページ完結だから、
どこからでも読める!

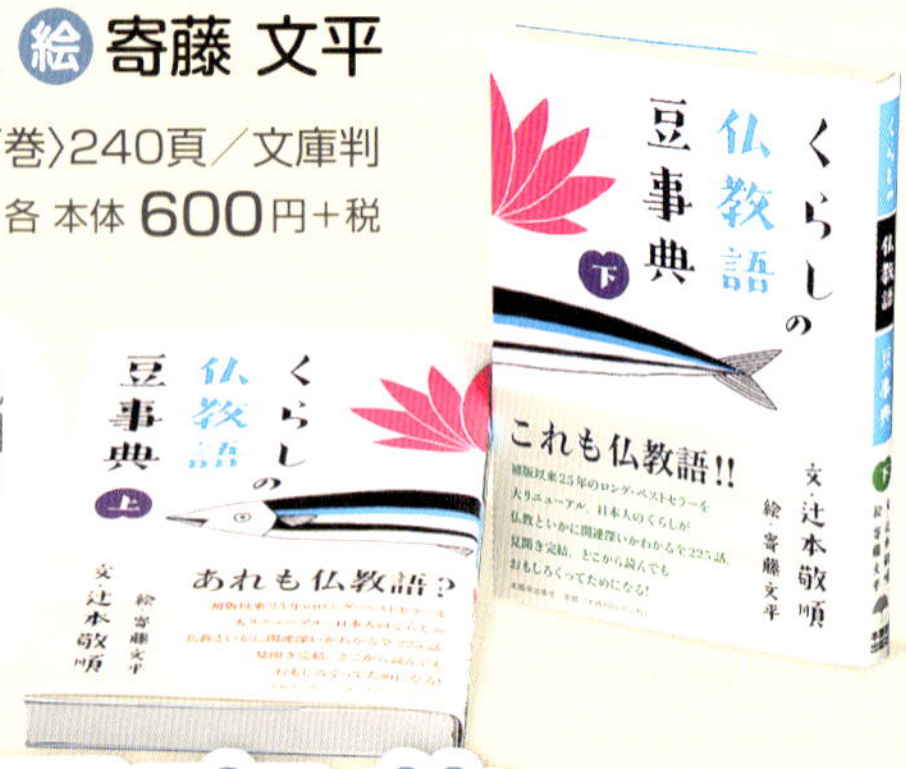

くらしの仏教語豆事典 上・下

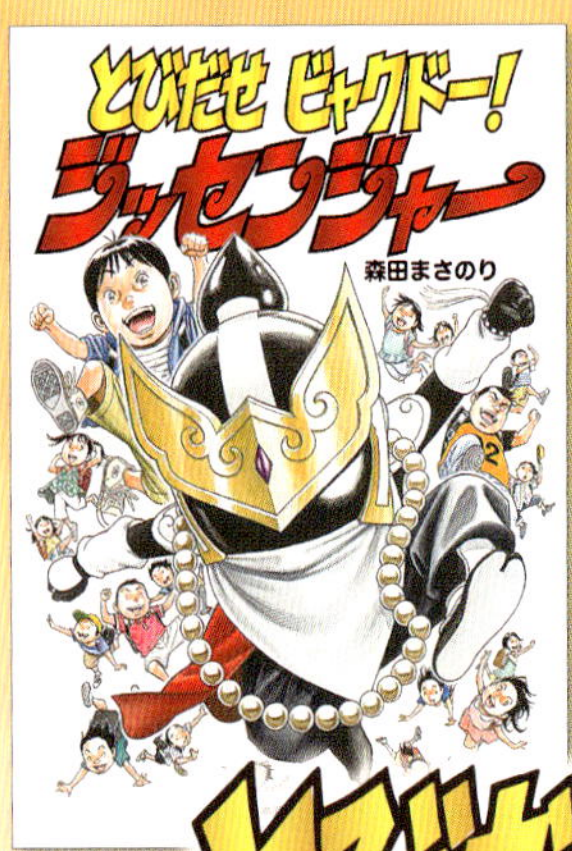

漫画家・森田まさのり が初めて　手がけた 仏教絵本!

ひとりぼっちの
ゆうちくんのもとに
あらわれた
ちょっとおせっかいな
せいぎのヒーロー

作・絵
森田まさのり

滋賀県出身。実家は浄土真宗本願寺派の寺院。高校在学中に手塚賞佳作を受賞し、「週刊少年ジャンプ」で漫画家デビュー。代表作に『ろくでなしBLUES』『ROOKIES』『べしゃり暮らし』など。

B5判／32頁
本体 1,300円+税

絵本 とびだせ ビャクドー! ジッセンジャー

音楽家・エンターテインメントプロデューサー
つんく♂さん 推薦

たくさんの子供さんに読んでもらいたい。
いや、大人の方が心に響くのかもしれない。

13歳からの仏教
一番わかりやすい浄土真宗入門

かわいいイラスト満載の
仏教・浄土真宗入門書

お釈迦さまの生い立ちや親鸞聖人の生き方を、カラーイラストとともに、わかりやすく紹介。すべての悩める人にとって役立つヒントが詰まった一冊。

四六判／192頁／オールカラー
本体 1,200円+税

65歳からの仏教
おとなのための浄土真宗入門

すべてのおとなのための入門書

今までの人生を振り返り、これからの生き方を考える分岐点で、自分らしい生き方のヒントを見つけるための一冊。

四六判／176頁／オールカラー
本体 1,200円+税

家庭で読める
ほとけさまの言葉

仏教って
楽しいな！

編／仏教こども新聞社

「仏教こども新聞」が待望の書籍化。漫画やお話、クイズなどを通して楽しく仏教を学ぶことができる。保護者へ向けたアドバイスも充実。大人もこどもも、仏教の新たな魅力に触れる一冊。プレゼントにも最適。

B5判／180頁／本体 1,400円+税

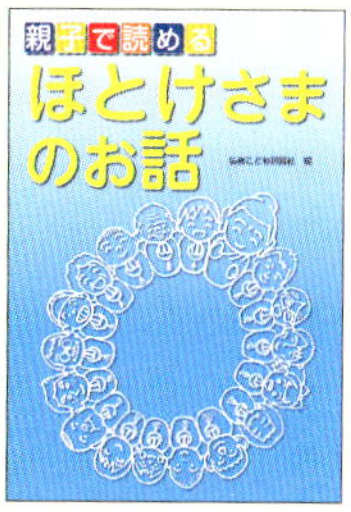

親子で読める
ほとけさまのお話

B5判／176頁
本体 1,200円+税

マンガで楽しく学ぶ浄土真宗の教え

『歎異抄』って名前は知っているけど、内容は知らない。難しい解説書はちょっと・・・という方におすすめ。『歎異抄』が漫画で読める。

岡橋 徹栄 作・広中 建次 画
A5判／256頁／本体 952円+税

漫画 歎異抄

漫画 親鸞さま

親鸞聖人の波乱万丈の人生、他力の教えに出遇えた喜びがこの一冊に。難しい本や史料が苦手な方でも、親鸞聖人のご苦労と偉大さを漫画で読める。

岡橋 徹栄 作・広中 建次 画
A5判／228頁／本体 1,000円+税

【著者紹介】

藤間　幹夫（ふじま　みきお）

1971年、福岡県に生まれる。浄土真宗本願寺派 中央キッズサンガ推進委員等を歴任。現在、子ども・若者ご縁づくり推進室マネージャー、ボーイスカウト福山第2団団委員長、広島県福山市光明寺住職。

ほとけさまといつもいっしょ

子どものための浄土真宗入門

2018年２月１日　第１刷発行
2019年11月20日　第３刷発行

著　　者　藤間　幹夫
編集協力　松月　博宣　　古川　潤哉
デザイン　土屋美津子
挿絵協力　森　　朋浩

編集・発行　本願寺出版社
〒600-8501　京都市下京区堀川通花屋町下ル
TEL 075-371-4171　FAX 075-341-7753
http://hongwanji-shuppan.com/

印　　刷　㈱アール工芸印刷社

定価はカバーに表示してあります。
〈不許複製・落丁乱丁本はお取り替えします〉
KR02-SH3-①11-91
ISBN978-4-89416-036-1　C8015